アダム・スミスの経験論

――イギリス経験論の実践的範例――

田中正司

御茶の水書房

はしがき

　スミスはヒュームと同じ経験論者とされている。しかしヒュームとはちがう。それは認識論が違うからである。私は2013年に公刊した『アダム・スミスの認識論管見』という小著で『道徳感情論』や『国富論』の論理の前提にあったスミスの認識論の研究をしたが、そこで展開したスミス認識論解釈の客観性を担保するため、スミスの認識論のルーツ探しをしているうちに、アリストテレスの認識論がスミスの経験論の根幹をなしており、アリストテレスの論理を実践論化した点にスミスの独自性がある次第を認識するようになったのであった。

　さらに、そうしたスミス経験論の独自性を論証するために、ヒューム-スミス-カントの三者関係を考察しているうちに、カントとスミスが共に、ヒューム経験論の懐疑主義的帰結の揚棄を主題にしながら、揚棄の仕方が根本的に違い、スミスは自然の必然法則の存在を前提し、その法則性論証を主題にしていた次第を改めて確認するとともに、こうした前提概念が『道徳感情論』の主題設定や論理構造を規定していることに気づくようになったのであった。私は、自分のスミス認識論解釈の客観性論証のためのルーツ探しから始めた研究から『道徳感情論』の構造分析に踏みこむことになったが、その具体的論証は気鋭の世代の参入を待つのみである。

　本書の執筆のための文献収集に際しては、千葉経済大学の市岡義章氏にご協力をいただいた。本書の生原稿のパソコン原稿化はすべて横浜市立大学OBの方にやっていただいた。その方の助力なしには本書を形にすることはできなかったことを記して、御礼申し上げたい。

　今回の小冊子も御茶の水書房から刊行させていただくことになった。社長の橋本盛作氏に格別のご配慮を頂いた。校正の労をお取りいただいた編集部の方々にも厚く御礼申し上げたい。橋本社長には日本イギリス哲学会が

創設されて間もないころから世話になってきたが、1979 年から 2000 年代初頭にかけて 5 点も研究書を上梓していただいたお陰で、探求・論証活動を続けられたことに改めて感謝の気持ちを表明させていただくことをお許しいただきたい。

  2016 年 4 月   田中 正司

アダム・スミスの経験論
――イギリス経験論の実践的範例――

目　次

目　次

はしがき……………………………………………………………………… i

問題提起　スミス研究の低迷の原因をめぐって………………… 3

第 1 章　スミスの「哲学的探求指導原理」論の主題………… 9

第 2 章　アリストテレスの中項論………………………………15
1）中項探求方法論の展開　15
2）スミスの中項論との照応関係　22
3）中項探求方法論と原因解明論との主題と方法の異質性　28
4）原因解明を探求主題とした理由　31

第 3 章　カントの『純粋理性批判』の主題……………………39
1）ヒューム経験論の純粋理性論化論の展開　39
2）構想力論と想像力論との間　43
3）カントとスミスの分岐点　47
　（1）自然法則と自由の二律背反　47
　（2）自由論の認識論的帰結　50
　（3）自然法則論の視界　51
4）自然の必然法則認識論の展開　56

第 4 章　スミス経験論の自然主義的構造………………………61
1）idea 論の経験性とその前提概念　61
2）概念実在論と中項論　63
3）スミス理論の概念実在論的性格　66

4）スミスにおける自然主義の地平と想源　67
　　　　（1）自然主義の地平　67
　　　　（2）自然主義の想源　72
　　5）自然観と構成概念との相関関係　75
　　6）自然主義の根幹性　79

補遺（1）　『国富論』における労働価値論の根幹性をめぐって……89

補遺（2）　二点の法学講義ノートの implication……………95

主要引用文献………………………………………………………103
索　引………………………………………………………………107

アダム・スミスの経験論
―― イギリス経験論の実践的範例 ――

問題提起
スミス研究の低迷の原因をめぐって

　アダム・スミスは、今日でも依然として事毎に言及され、多分野の研究者や思想家の関心の対象をなしている歴史上の経済学者である。これは、永遠の相の下に書かれる哲学や文学作品などとちがって、時間の相の下に生きる経済学者の著作としては稀有のことである。こうした現象の原因としては、スミスの経済学が道徳哲学の一部門として成立したもので、原理的・体系的でありながら、古今東西の事象記述（histories）に満ちていて大変面白く、叙述に生命感があるだけでなく、現代の問題にもつながる面があることなどがあげられるであろう。しかし、こうした事実とは裏腹に、最近のスミス研究それ自体は、ケインズ主義の行き詰まりと、新しい講義ノートの公刊や『国富論』200年祭を契機として生まれた1970年代以降におけるアダム・スミス ルネッサンスの、2年間に研究書が8点も出たことがあったほどの活況（［43］補論2）も姿を消し、内外ともそれほど活発ではなくなっている。欧米ではアリストテレス研究やカント研究などはほとんど毎年数多く出版されるのに、スミス研究はあまり登場しない。とりわけ、日本では研究者自体が減っているのは残念という他はない。

　こうしたスミス研究の停滞をもたらしている一つの要因としては、研究ノートやメモ、講義資料などが多数残っている経済学者や思想家の場合とちがって、スミスの場合には2点の書物と2巻の講義ノートの他には遺稿の『哲学論文集』以外はほとんどなく、主著についてはかなり精密な研究成果が蓄

積されている上、理論自体もすぐれて体系的であるだけに、容易に参入しにくい事情などが考えられるであろう。しかし、膨大な研究成果の蓄積があるということは、スミス研究が世界的に爛熟の域に達していることを必ずしも意味しない。逆に、スミス理論は現実にかかわる面が多かっただけに世界経済の動向に左右され、大きな沈滞期に直面したことがあっただけでなく、19世紀以降は、ヒューム的経験主義と実証主義や科学万能思想の支配化に伴う、ヒューム＝スミス一体・同質論的スミス解釈が一般化し、スミスが2点の著作で前提していた形而上学的前提概念がメタファーとして切り捨てられる結果になっている。スミスのすべての著作を経験論のフィルターにかけて読むのが支配的な潮流になっているのもそのためであるといえるであろう。

　昨今のヒューム研究の隆盛ぶりとは対極的なスミス研究の停滞現象の根本原因はそこにあるのではないかと考えられる。スミス理論の pre-conception（前提概念）がばっさり切り捨てられ、スミスがヒュームと同じ経験一元論であるとすれば、経験的社会理論の創始者としてのヒュームの方がより面白く、creative でもあり、ヒュームの追従者としてのスミスの経験理論についてとやかく問題にする根拠は薄くなるからである。

　ヒュームにはないスミスの独自性として問われるのは『道徳感情論』の sympathy 論ということになるが、スミスのシンパシー論もヒュームのシンパシー論を100％下敷きにした上で、それを一歩踏み越したものであることが分かれば、スミスよりヒュームの方に関心が集中するのも当然である。

　しかし、スミスが焼却処分の対象から除外した『哲学論文集』所収の哲学4論文の内容は、2013年春に刊行した拙著『アダム・スミスの認識論管見』で不十分ながら論証したように、ヒューム的経験一元論を超える、経験できない自然そのものの見えない結合原理の探求・解明を主題としていた次第を明らかにすると共に、バークリやヒュームの近代的な視覚の論理とは原理的に異なる触覚論的人間把握を『道徳感情論』と『国富論』の論理の根幹に置いていたことを示すものであった。スミスの理論は、invisible な、見えない自然のシステムの存在を前提した上で、その経験認識を生物学的人間像に基

づいてするものであったのである。その次第を確認すれば、スミスがロック-ヒュームのidea（観念）論に依拠しながら、経験的に観察した「ideaの底にある」事物そのものの運動法則の経験論証と人間相互間の"人—人"関係原理の解明を主題にしていた次第がクリアになることであろう。スミスがヒュームと同じ経験一元論であるとのドグマから解放されれば、『道徳感情論』と『国富論』の形而上学的前提概念と、それとは一見対極的なすぐれて経験的な理論展開とのギャップも埋まり、スミス理論の一体的・統一的解釈が可能になるだけでなく、スミス理論のダイナミズム（内的緊張関係）も見えるようになることであろう。スミス研究の再活性化の道は、スミス理論の「出自と核心」をなす『哲学論文集』の認識論が提示している問題をしっかり受け止めることから拓かれるのではないかと思われる根拠はここにある。私は本稿で展開したスミスの『哲学論文集』の認識論的研究を通して改めてそう確信するようになった次第である。

ジョン・メイナード・ケインズの「自由放任の終焉」以降、アダム・スミスは死んだといわれるようになって久しいが、21世紀の現在に生きているのは、ひところ万能薬のように言われたケインズ主義ではなく、アダム・スミスの方ではないか。世界経済全体が低迷を続け、金融・財政政策による需給のバランス回復を図った国の経済が破綻することは、スミスが『国富論』で指摘し、警告していたとおりである。当時から今日に至るほとんどすべての経済学者が一様に需要側政策によるバランス回復⇒経済成長論を展開していた中で、徹底した供給サイドの経済成長論を構築し、効用主義や慣行を厳しく批判する論理を展開していたスミス理論の根幹をなす原理をしっかり問い直す要があるのでないか。

スミスは農村を讃美し、農業が人間を養い育てgeneralistにするのに対し、都市はspecialistを育成する反面、人間を疎外する要素がある次第をはっきり見据えていたのであった。文明化を主題にした18世紀思想が文明の没落・崩壊の問題に大きく着目していたことは、アダム・ファーガスンの『市民社

会史論』などに見られる通りである。それは、歴史の教訓を踏まえた現状認識に基づくものであったが、現代の文明社会は、より必然的な解体・崩壊の危機に直面しているのではないであろうか。そうした現実の動向を直視せずに、ひたすら経済成長を意図する国に未来はないというのも、あながち過言ではないであろう。二度の大戦を経て、理性化の道を歩み始めたかに思われた人類世界が、一転して再野蛮化しつつあるのも、こうした現代世界の終末症状の一つの現象形態なのであろうか。

　人間は自然の光の下に成長し、自然との交流を通して人格を形成し、感性や知性を身につけてきたが、技術は便宜を提供するだけで何も教えず、すべてを物象化し理性を衰弱化する側面を持っていることは否定しがたい事実である。科学技術の進展とは裏腹に、予想を超える温暖化の帰結に直面している現在、Anfang（始原）に遡って、自然とは何か、文明とは何かを根源的に問い直す要があるのでないか。私が本書で、アリストテレスやカントとスミスの認識論との継承・照応関係の再検討を通じて、文明化の旗手であったアダム・スミスの理論の自然主義的構造をクローズアップすべく試みた理由もそこにある。スミス研究が低迷しているのも、科学哲学的なスミス研究を教条化しているためで、人間存在の原点に戻って虚心に読んでいけば、生命体としての人間と社会の在り方を根源的に解き明かそうとしていたスミスの理論の孕む問題点が私たち自身の在り方と重なることが知られるであろう。欧米の研究者がスミス思想の現代性（Aktualität）に着目している理由もそこにあるのではないであろうか。

　本書は『哲学論文集』で展開されたスミスの認識論がアリストテレスの『分析論後書』の認識論と論理的に照応しながらも、アリストテレスの学説とは異なる、すぐれて主体的・実践的な自然の全体像の経験認識の論理である次第を、アリストテレスとヒュームやカントとの対比において明らかにすることを意図した一つの試論である。本書の論理展開が著者の専門外のアリストテレスとカントの認識論の分析を主題にする形になっているのはそのためで

あるが、古典研究は壁が厚く、底が限りなく深いので、専門外の研究者の安易な発言を許すものではないことはいうまでもない。アリストテレスやカントについてはその感がとくに強い。しかし教条的な経験主義的解釈によって汚染されたスミス研究の新たな地平を模索するため、『哲学論文集』を典拠に一点突破的に古典のテクストから学ぶことは必ずしも許されないことではないと考えて、論及した次第についてはご宥恕を乞う他はない。

　本書は、前掲拙著の認識論的研究をより認識理論的に補完する意図で書かれたもので、前掲書と文字通りワンセットのスミス認識論研究を構成するものであるが、イギリス経験論の本来の主題は、経験的に知覚した idea の底にある事物そのもの（現実そのもの）の経験認識にあったように思われる。視覚に基づく観念（idea）の底にある事物そのもの、天空の諸事象や人間の自然（Human Nature）の運動法則の探求と、触覚に"人─人"間の社会関係の原理を見出す論理の構築を意図していた『哲学論文集』の認識論と、それをベースとする『道徳感情論』と『国富論』の論理展開は、正しくその一範例といえるであろう。そうしたイギリス経験論の真実に迫ることは、スミス研究のみの問題ではなく、諸学の共通問題でもあるので、経験論一般の真実の在り方の問題としてご検討いただければ幸いである。

第 1 章
スミスの「哲学的探求指導原理」論の主題

　アダム・スミスの死後出版された『哲学論文集』所収の哲学論文をめぐっては、早くから第一論文の「天文学史」が大きく注目され、いろいろ論究されてきたが、最近では第四論文の「外部感覚論」にも関心が高まりつつある。しかし「天文学史」からはじまる哲学 3 論文の主題名が「天文学史」ならびに「古代物理学史」と「古代論理学・形而上学史」によって例証される「哲学的探求指導原理」論とされている次第については、明確な統一解釈が存在しない。スミスが天文学史と古代物理学史や古代論理学・形而上学史を探求原理論として展開した（のは何故か）理由（自体）は問われないままに終わっているのがスミスの哲学論文研究の実状である。グラスゴウ全集版の編者自身が「天文学史」は'meta-science or talk about science'（科学談義）に過ぎず、'wildest guesses'（当てずっぽうの憶測［28］14、20）でしかありえないとして、3 論文全体をネガティブに評価しているのも、こうした研究史の動向を象徴しているといえるであろう。20 世紀以降のスミス研究の成果を集約したスミス伝を書いた I・ロスなどが「天文学史」や「外部感覚論」に論及しながら、経験的記述が見られる次第の論証に主眼を置いているのも、必ずしも故なしとはしないのである。
　20 世紀後半以降、支配化した科学哲学や、欧米のスミス研究に支配的なヒュームースミス同一視論的視点からみれば、こうした解釈になるのも至極当然である。しかし、19 世紀以降、世界的に一般化したヒューム的経験主義、

実証主義、科学主義の視角からスミスの哲学論文を読むだけでは、スミスが死の直前に最後まで刊行を意図していた「法学」に関する大量の草稿をはじめとするほとんどすべての原稿を焼却させながら、『哲学論文集』所収の原稿を焼却処分の対象から除外し、その処置を遺言執行人に委ねたスミスの"意図的保存"（intentional preservation［9］335）の理由＝そこに秘められたスミスの問題意識は全く見えないことになってしまうことは明らかである。私自身も、スミスが何故一見ばらばらな個別主題に関する古代の例証を、「哲学的探求指導原理」という主題名の下に統括したのか分からなかったために、天文学史や、より以上に古代の物理学史や論理学・形而上学史それ自体に積極的な関心をもちえないままに、漫然と論文集を読んでいたのであった。

　しかし私は、かねてからスミスの『道徳感情論』や『国富論』にみられる徹底した経験分析とそれとは対極的な形而上学的前提概念（metaphysical preconception）との対極的並存という、'new Adam Smith problem'（［1］）とでもいうべき問題に注目していたので、カントが『判断力批判』で展開した目的論と経験論との融合論に触発されて、「天文学史」を読み直し精読した結果、「天文学史」がヒュームの『人間本性論』を下敷きにし、idea 連合論に依拠しながらも、ヒュームとちがって個別の経験を超える in-visible な自然の結合原理の探求・発見を主題としたものである次第を確認することとなったのであった。

　スミスの「天文学史」（［28］33 − 105）は、ギリシャ以来の天文学者たちが、観察した天空の諸事象を結びつける中間項（third object［13］11）をあれこれ想定し、それを原理とする体系をいろいろ構成してきたが、それらの体系はいずれも自然の事象の動態と合致しないため次々と破綻し、ニュートンに至ってはじめて引力が自然界に生起する諸事象を結びつける中間項として自然の結合原理的機能を果たしていることに気付き、それを原理として天空の諸現象の体系的経験論証がなされるようになった次第を叙述したものであった。スミスはこうした天文学史の考察を通して、（個別の経験に即しながら）感覚経験を超える、見えない「全体的なもの」の経験論証を可能にする鍵が

第 1 章　スミスの「哲学的探求指導原理」論の主題

個別の観察結果を全体認識に媒介する中項の発見にある次第を学んだのであった。スミスの「天文学史」は、書名から連想されるような天文学の歴史をそれ自体として叙述することを意図したものではなく、個別の経験を超える、visible でない自然のシステム（全体的なもの）を経験的に認識するための（天体現象の数学的論証法とちがう）すぐれて経験的な方法として、観察した諸現象に共通する中間項を「想定」することを通して発見した自然の結合原理を体系認識の原理とすることによって、見えない、in-visible な「全体的なもの」を経験的に論証する方法の「探究」を隠れた主題とするものであったのである。スミスが「天文学史」を根幹とする哲学3論文を「哲学的探求 (philosophical Enquiries) 指導原理」論（[28] 31）と命名している事実それ自体が、その何よりの証左をなしているといえるであろう。

　スミスが「天文学史」に続く第二論文の「古代物理学史」（[28] 106-117）で下界の諸事象の解明にも「天文学史」の方法が適用されるとした上で、天界・下界を貫く宇宙の原理（としての物理の原理）が種の保存にある次第を強調し、第三論文の「古代論理学・形而上学史」（[28] 118-129）で科学としての哲学の主題が、個別を超える普遍の原理の探求にある次第を（古代の論理学・形而上学の論理を例証とする形で）論証していることも、経験できない「全体的なもの」の探求・論証を主題とした「天文学史」の問題意識と完全に照応 (correspond) するものといえるであろう。

　その次第を認識した時点で私は、スミスがヒュームの『人間本性論』に全面的に依拠した論理を展開しながら、3論文で自然の結合原理・宇宙の原理・普遍の原理の探求を意図した理由が、1740年にオックスフォード大学に入学してから40年代末にエディンバラで公開講義を行うまでの40年代におけるスミスの最大の思想主題がオックスフォードの学生時代に耽読したギリシャ・ラテンの古典の論理とヒュームの『人間本性論』の反普遍主義との対極性にいかに向き合うかという"古典 vs ヒューム問題"にあることに気付いたのであった。この"古典 vs ヒューム問題"を、スミスが一見ばらばらな3論文を「哲学的探求指導原理」論と命名して一体的に捉えていた謎を解

く中間項として想定するとき、天文学史と古代の物理学史と論理学史が有機的につながるだけでなく、それらが inquiry 指導原理論という主題名の下に統一されている理由もすっきり了承できることを知った次第である。

　私は以上のような諸論点を、2013 年春刊行した『アダム・スミスの認識論管見』（社会評論社刊）（[44]、以下『管見』と略称）と題する小著で不十分ながら論証するとともに、そこで論究した 3 論文の認識方法論が『道徳感情論』と『国富論』の論理展開の出自と核心をなしているのではないか、と考えられる次第に論及したのであった。しかし『管見』では、

（1） 3 論文が、個別の経験観察を前提にしながら経験的に認識できない自然の結合原理＝普遍の原理＝「全体的なもの」の解明を哲学的探求の主題にしている次第を 3 論文の内在分析を通してそれなりに解き明かしているだけで、

（2） 認識理論としての論理内容は、㋑　idea 連合論⇒　㋺　中間項の想定（suppose）論⇒　㋩　結合原理の発見（conceive）論⇒　㋥　発見された原理に基づく体系の経験論証論が、ニュートンに至る天文学史の歴史の分析・叙述のうちに展開されている事実の指摘に止まり、

（3） 認識理論そのものとしては具体的に解明されないままになっていたのであった。

そればかりでなく、こうしたアプローチに関するレファランスは意識的になされないままにされていたのであった。

　テキストをそれ自体として読み解くことで見えてくるものがあるとしても、それだけでは、読解結果のもつ意義が客観化されないのも当然である。『管見』刊行後、私が直ちにみずからの見解を補完する文献探しに取り掛かったのもそのためであるが、内田弘氏の「資本論の自然哲学的基礎」[36] などに触発されて、『管見』の論理のポイントの一つをなしていた、アリストテレス—スミス関係をより内在的に検討すべくアリストテレスの書物を読んでいるうちに、アリストテレスがカテゴリー論⇒命題論に続く分析論の後書（『分析論後書』）でスミスと同様な中（間）項論を本格的に展開しているこ

第1章　スミスの「哲学的探求指導原理」論の主題

とを知り、同書の論理を少しく内在的に検討・分析した次第である。その結果、私に見えてきたことは、アリストテレスの『分析論後書』（[3]）がスミスの「哲学的探求指導原理」論を先取りしているというより、スミスの認識論、スミスの方法の認識論的解説書とでもいえるような中項探求方法論を展開していた事実であった。

　本書の中心主題をなす次章（第2章「アリストテレスの中項論」）は、そうした『後書』の論理をできるだけ体系的に整理する形で紹介した上で、スミスがアリストテレスの限界を超えるすぐれて主体的な認識論を展開していた次第を浮き彫りにすることによって、アリストテレスの中項探求方法論とスミスの方法との照応関係を明らかにするとともに、（アリストテレス自身は理論分析に適用できなかった）中項探求方法論に基づく「全体的なもの」論証を社会・経済関係分析に応用した点に、スミスの認識論の独自の意義がある次第をクローズアップすることにしたものである。

　しかし、スミスの哲学的探求論とアリストテレスとの親和性を論証するだけでは、レファランスとしては不十分なので、第3章でスミスの論理を同時代のヒュームやカントの認識論と対比することを通して、スミスがカントとはちがった形でヒュームが意識的に拒否していた（経験×普遍の二律背反をクリアする）「全体的なもの」の経験認識論を展開することによって、ヒューム経験論の懐疑主義的帰結を克服しようとしていた次第を明らかにすることにしたい。

　本書は、次章以降で論証するように、アリストテレスの『後書』の論理とヒューム－スミス－カント関係の考察を通して、『管見』でそれなりに解析したスミスの哲学論文の認識論の（事物そのものの経験認識を主題とする主体的・実践的経験論とでもいうべき）認識理論としての構造を解き明かすとともに、そうした事物そのものを問う論理の探求こそイギリス経験論の本来の主題であった次第を確認することを意図したものである。

第 2 章
アリストテレスの中項論

1) 中項探求方法論の展開

アリストテレスの動物学的研究の冒頭におかれた『心について』は、アリストテレスの生物学的 Human Nature 論の簡潔な要約とでもいうべきものであるが、その中で彼は次のような趣旨のことを語っている。

"触覚は中間媒体なしに事物についての感覚をもつが、触覚と味覚以外のすべての感覚は中間媒体を通して感覚される（[4] 136）。（視覚の対象である）色は、光なしには見られない（[4] 108）。「光の中で見られるものが色で、中間が空虚になってしまったら……何も全く見えないことになる」（ibid.）" という。

音や匂いのような聴覚や嗅覚についても同様なことがいえるとして、「中間媒体が私たちに作用を及ぼすことによって（事物を）感覚する」（[4] 128）次第を明らかにしている（[4] 108, 126f. 190）。アリストテレスは（私たちの端緒的な認識能力としての）感覚的認識そのものが、中間物に媒介されることによってその機能を果たすようになる次第に着目しているのである[注1]。

『形而上学』その他では、周知のように述語分析に関心を集中し、基体は、「述語のうちに含意される」（[5] 上、227）として、「基体の述語の諸形態」（[5] 上、218, 231）、「付帯的な属性」（[5] 上、128）、性質、量・所・時間など（[5] 上、174, 218）の分析のうちに主語の内実を理解する鍵を求めている。普遍は個別に内在し、個物を離れては存在しない[注2]とするアリストテレスとしては当然のことであろうが、アリストテレスは絶えず転化する感覚的事物（小項）と（大項）共通普遍の定義（述語分析とエイトス論）との両者を媒介する中間項（[5] 上、64、148f. 250f. 下、77f.）を発見することが inquiry であり、発見された原理に基づいて推論することが「論証」であると考えていたように思われる[注3]。その次第を認識論的に詳説したのが岩波版『アリストテレス全集』（旧）第1巻に収録されている『分析論後書』である。

感覚の意義

アリストテレスは、岩波版全集第1巻の「カテゴリー論・命題論」に続く「分析論」の後書で、事象の根拠（原因）や本質を知る（認識する）には帰納と論証（演繹）という二つの道があるが、感覚は可滅で、可滅のものには論証も知識もないので、感覚では科学的知識をうることはできない、という。しかし感覚は事物認識の基本で、感覚がなければ個々のものについて知識をえることはできない。感覚⇒帰納なしには「全体的なもの」から出発して知識をうることもできないので、「基体に付帯する属性」としての述語（個別）の諸事象の感覚⇒経験分析から出発する要がある、とアリストテレスは考えたのである。

帰納法論批判

アリストテレスが経験論（の創始）者といわれる所以はここにある。しかし、アリストテレスが主語と述語の関係を逆転させ、述語分析のうちに主語の主題をみていたことは、彼が唯名論的な帰納法論者になったことを意味しない。アリストテレスは『後書』でも帰納の重要性を繰り返し指摘し、巻末

でも帰納の不可欠性を念押ししている（[3] 771）が、普遍（の原理）の存在—その概念把握の可能性を否定して唯名論（者）になった訳ではない。スミスも『哲学論文集』の第三論文で、その次第をはっきり承認していることは『管見』（[44] 82-3）でふれたとおりである。

　アリストテレスが『後書』を書いたのは、帰納だけでは（普遍認識につながる）「全体的なもの」の認識には至りえない次第（帰納法の限界）をはっきり自覚していたためであったのではないかと考えられる。『後書』を読みながら、『後書』の主題が帰納法の論証であるかの如く解するのは、『後書』の主題が経験だけでは普遍認識に至りえない帰納の限界をクリアするための中項論の展開にあった次第を看過するものといわざるをえない[注4]。彼が巻末で帰納の重要性を念押ししたのは、『後書』の中核主題が帰納法の基礎付けではなく、帰納を超える主題の展開にあったためであると考える方が正しいであろう。

主語―述語関係逆転の理由

　アリストテレスが（こうした形で）主語―述語関係を逆転させて、述語（個別）の諸現象の感覚⇒経験分析をしたのは、感性界と英知界を峻別し、個別の経験を超える超越的なものに真理をみるプラトンのイデア論とは逆に、「全体的なもの〔普遍〕は個々のものから離れて存在する何ものかではない」（[3] 690）という、普遍＝個体、形相＝質料内在論のためである。スミスがこうしたプラトンとアリストテレスとの根本的差異に注目していたことは『哲学論文集』の第三論文が示す通りであるが、普遍は個体に内在し、個を離れてはありえないということは、普遍の否定ではない。「部分的なものは、どちらかといえばむしろ可滅であるという点からすれば、全体的なものの方がそれだけ一層優れた意味において存在するものであり」（[3] 692）、「事物は、全体的なものであるかぎりにおいて、部分的なものである場合よりも一層優れた意味において認識されうる」（[3] 694）。「それゆえ、〔事物を定義するにあたっては〕個々のものから全体的なものへと移って行かねばならない」

（[3] 758）などの言葉は、その次第を明確に示しているといえるであろう。

『分析論後書』の主題＝中項論の展開

　『分析論後書』の主題は、個別の経験分析から「全体的なもの〔普遍〕」の概念把握を可能にする論理の構築にあったのであるが、感覚は可滅で、「可滅なものについては……論証も知識もない」（[3] 640）ので、感覚だけでは真理には至りえないことはいうまでもない。感覚⇒経験から普遍を導くことができない次第はヒュームも明確に自覚し、カントも Antinomie 論などで言及していた点であるが、『後書』の主題は、こうした有限×無限、個別（経験）⇒普遍の Antinomie をクリアして、個別の感覚・経験分析から「全体的なもの」の認識（概念把握）を可能にする論理の構築にあったのである。

　その論理として、アリストテレスが『後書』で展開していたのが中項論である。アリストテレスは、前述の「全体的なもの」（[3] 694）に関する引用に続く箇所で、「事物はそれが無限なものである限り認識されえぬもので、有限なものである限りにおいて認識されうる」（無限なものは認識不能で有限なものしか認識できない）(注5)が、「事物は全体的なものである限りにおいて、部分的なものである場合におけるよりも一層優れた意味において認識されうる」（[3] 694）。「従って、全体的なものは〔部分的なものよりも〕一層優れた意味において論証されうる」（[3] 694）と述べている。その上でさらに、「全体的なものを証明することは、原理に一層近い中項を通して証明することである」（[3] 695）が、「無中項(注6)が原理に最も近いというより、原理そのもの」であり、「原理からする（に基づく）論証が、原理からせぬ（に基づかない）論証よりも一層明確な論証であるとすれば、原理に一層近いものからする論証は、原理に一層遠いものからする論証より明確な論証である。」それが「全体的な論証である」（[3] 695）と述べている。

　このような全体的なものの論証論は、『国富論』におけるスミスの論理展開を彷彿させるであろう。アリストテレスは、次のパラグラフで述べるように、「全体的なもの」の認識には、主語（大項、全体的なもの、普遍概念）

と述語（小項、感覚的に知覚される個別の諸事象）との間に（小項に共通し、大項に通じる）中項をいれ、「中項の系列」（[3] 671, 673, etc.）が無中項になったものを原理として、それに基づいて（個別の諸事象の観察結果を体系化する形で）論証すれば良い（大項が認識できる）と考えたのである。

中項発見法（中項の条件）

　アリストテレスは、そのための中項の条件として、同類（[3] 686）、共通性（[3] 686）、固有（本質）性（[3] 723, 734）をあげ、「事物の種々の『何であるか』の中項は、必然的にその事物についての『何であるか』でなければならず、その事物に固有な、種々の『何であるか』の中項は必然にその事物に固有な『何であるか』でなければならない」（[3] 734-5）[注7]と述べている。彼は、同類で小項に共通し、その事物に固有（本質的）なもので大項につながるものを中項の条件とし、"中項Bは、大項Aおよび小項Cとの関連が必然（なもの）でなければならない"（[3] 634-5）としていたのである。さらにその上で、アリストテレスは「中項は、そのすべてについて〔大項が〕述語され、それ〔中項〕が他項〔小項〕のすべてについて述語されるものである」（[3] 652）とし、「中項とは大項〔の何であるか〕を説明するものである」（[3] 766）としている。中項論の主題が、上述のような条件に合致する中項を探求・発見することを通して事物が「何であるか」という事物の本質を明らかにし、感覚経験的には捉えきれない「全体的なもの」が何であるかの論証にあることは、明らかであるといえるであろう。

探求⇒論証論

　アリストテレスは「述語の系列」（[3] 671f.680f.etc.）をたどることで、小項に共通し大項につながる中項についてのコンセプトを形成（conceive）した上で、さらに「中項の系列」（[3] 671f.）をたどってそれ以上は中項がない無中項になるものを「探求」・発見し、それを原理として事物（とりわけ「全体的なもの」）が「何であるか」を「論証」することが、事物、とりわけ全

体的なものの認識の方法であると考えていたのである[注8]。

　アリストテレスは、中項の「探求」⇒そこで発見された中項を原理とする大項（事物が何であるか）の「論証」を『分析論後書』の主題としていたのであるが、その次第についてアリストテレスは次のように述べている。

　探求の主題は、「事実・根拠・存在・本質」（[3] 715）であるが、「我々が『事実』または『存在』を探求している場合には、我々は『そのものの中項があるか、あらぬか』を探求している。これに対し、『事実』または『存在』を……知っているとき、さらに、『それは何故か』または『それは何であるか』を探求する場合には、我々は『その中項が何であるか』を探求しているのである」（[3] 716）としている。彼は、その次第を月蝕（[3] 717、737、etc.）や日蝕（[3] 715）の例をあげて、蝕はなぜか、その根拠を明らかにすることは、蝕が何であるか（本質）を明らかにすることである（[3] 737）、としているが、「探求されるものがすべて中項の探求であることは」（[3]719）、「『それが何であるか』〔本質〕ということと、『それは何であるか』〔根拠〕ということとは明らかに同じものであるからである」（[3] 717）として、inquiryの主題が中項の探求・発見にある次第を強調している。

　他方、「探求」を通して発見された中項を原理とする「論証」についても、「論証は事物の原因、つまり事物が何故あるかという根拠を証明する推論である」（[3] 692）が、「全体的な論証の方が一層優れた論証である」（[3] 692）としている。さらにその上で、論証は「必然的な原理から出発し」（[3] 634）、「中項を通して」（[3] 636）大項を知ることであり、「事物が何であるかについては推論も論証も成立しないが、推論を通じ、論証を通して明らかにされる」（[3] 737）[注9]という趣旨のことを述べている。「論証は、必然的な中項を通してでなければならない」（[3] 636）とし、「少数の命題を通してなされる論証は、他の条件が同じであるとすれば、一層優れた論証である」（[3] 697）としていることも、「天文学史」の論理を連想させるものとして注目される。

第2章　アリストテレスの中項論

論証の方法　三段論法（論）
　アリストテレスは、事物認識の論理を「探求」⇒「論証」論としてセット的に考えているのであるが、論証の方法は多分に三段論法的に考えていたようにみえる。人間の例にスミスのシンパシー論を適用すれば、
① すべての人間（小項C）には共感感情（中項B）がある
② 中項B（共感）は大項A（人間）の本質をなす
③ 人間（大項A）が何であるかは、中項B（共感）を原理として、小項C（諸個人の動態を体系的に叙述すること）で論証することができる
という論法である。
　こうした三段論法が、既述のような中項論を根幹にしていることは明白であるといえよう。その次第を17－18世紀の思想史に即した形でより具体的に例示すれば、
　次のようにいうこともできるであろう。
　"利己心―利他心―道徳感覚―共感感情は、すべての人間個々人に共通する中項の系列をなすといえるが、利己心―利他心―道徳感覚は、それぞれ人間本性の一面の原理（ではあっても、人間相互の社会関係原理としては一面的））でしかない"ために、これらを原理とする体系は次々と破綻してしまったのであった。それに対し、（こうした中項の系列をたどって登場した）共感論は、人間本性の原理に即した社会関係原理たりうるものであったため、ヒューム―スミスに至ってそれを原理とする大項（社会原理）の論証が行われるようになったのである、ということができるであろう。
　こうした三段論法的論証論は、ニュートンやスミスの認識論とは一見異なるようにみえる。しかし、論述形式は同じである。ニュートンやスミスは、（イ）小項の諸事象に共通するideaを選び出し、（ロ）それが大項につながる本質的なものであることを確認した上で、（ハ）そこで発見された中項を原理として改めて諸現象を体系化することで、大項（全体的なものが何であるか）を経験的に論証しているので、形式的には『後書』の三段論法論と同じであるということもできるであろう。しかし、内容的には大きく異なる。ニュー

トンやスミスは、「探求」の結果、発見された中項原理に基づく個別の諸現象の体系化による「全体的なもの」の経験論証を主題にしていたのに対し、『後書』では三段論法に基づく人間の例の抽象的例示に止まっているからである。

　アリストテレスは、三段論法的に大項を説明していたのであるが、三段論法は、中項を間に挟めば、大項が何であるかが分かるというだけで、アリストテレスが『後書』で意図した全体的なもの（普遍原理）の経験論証論ではない。（にも拘わらず）アリストテレスが三段論法で中項論を説明したのは、（自らが意図した）中項探求方法論だけでは中項原理に基づく全体的なものの経験論証を具体的に展開できないため、人間の例を三段論法的にあげることでお茶を濁したのではないであろうか。

　こうした『後書』の中項論の問題点は、スミスのそれと対比すると明らかになるので、次にスミスの中項論との照応関係に関説することにしたい。

2）　スミスの中項論との照応関係

　アリストテレスの中項論はスミスの中項論とは一見まったく関係がなく、むしろ対極的な論理であるかにみえる。アリストテレスの中項論は、全体的なものの経験論証のための中項の条件論であるのに対し、スミスの中項論は、新奇な現象に直面しても、想像力の動きが停まらないようにするための既知と新奇を結合する中間的諸事象の想定論であるからである。

　スミスは、「天文学史」の第2節の wonder（驚異）論で次のようにのべている。

　二つの対象が互いに随伴すると、fancy（想像力的心的表象）[注10]の中で結合されるようになり、……imagination（想像力）が一方の観念から他方のそれへと移行する慣習が強固になる。しかし、こうした慣習的関連が中断され、対象が見慣れない形で現れると、fancy（想像力的心的表象）も休止してしまう（［28］40-41、tr.18-19）が、「fancy はその切れ目を埋め、諸対象間の思考の移行を容易にするための橋（bridge）のようなものを発見しようとする。

想像力が、動き慣れているものと類似の系列で相互に継起する、二つのばらばらな現象を連接する、見えない一連の中間的諸事象を想定（the supposition of a chain of intermediate, though invisible, events）することが、想像力がこの隔たりを埋めうる唯一の手段、そういってよければ、一つの対象から他の対象への想像力の円滑な移行を可能にする唯一の橋である」（［28］42、tr.20）。

　スミスの中項論の核心はこの文に典型的に示されている（通りである）が、同様な中項の必要論は、「天文学史」の第2節のwonder論で5か所（［28］42, 44）、3節の哲学の起源論で1か所（［28］50）、4節の天文学の歴史で3か所（［28］58, 91, 92）、計9か所で展開されている。

　例えば、第3節の「哲学の起源論」では、「自然の壮大な諸対象がこうして彼らの前で査閲を受けているときにも、多くの事象は彼らの見慣れない順序で起こる。自然の規則的な進行に安心して喜んでついていく彼らの想像力は、こうした外観上の不一致に停止させられ、当惑させられる。そのことが、彼らのwonder（驚異）を喚起し、それらを以前に起こった何かと結合し、宇宙の全行程を首尾一貫させ、一続きにさせる中間的諸事象の連鎖を必要とするように思われる」（［28］50、tr.32）とされている。

　同様に第4節の「天文学の歴史」でも、天球の運動と適合的に機能する想像力の自然の性向が、惑星の逆行現象のため（想像力の）自然の行路から外れて（正常に機能しなくなって）しまうとき、「fancy（心的表象活動）は、双方を結合する中間的諸事象の連鎖を想定しない限り埋められない関連の欠如、切れ目、隔たりを感じる」（［28］58、tr.41）次第が語られている。

　その上で（この節の後半で）「デカルトは、この見えない鎖がどこにあるかを正確に確かめようと企て、また高速運動と自然的慣性という諸惑星の、他の何よりも想像力に最も馴染み深い順序で相互に継起しているけれども、互いに相容れない、性質を結びつける一連の中間的諸事象を想像力に与えようと企てた最初の人であった」（［28］92、tr.85）と述べていることは、4節でのデカルト批判がニュートンの引力一元論展開の直接の契機をなすものであっただけに、スミスの中項論展開の一つの媒体をなすものであったのでは

ないかと考えられ、格別に興味深い。

　こうしたスミスの中項論の想源としては、ヒュームの観念連合論⇒その強化論としての「third object（中間項）の挿入（interpose）」（［13］11）論があげられる。スミスが前述の引用文の前段で「観念連合」に触れていることも、その一つの証左をなすといえるであろう。しかし、ヒュームの中項論はあくまで観念連合の強化論であるのに対し、スミスの中項論は「自然の結合原理」（［28］45）、自然の invisible chains（［28］45, 92）、concealed connections（［28］51）の発見を主題としている点、ヒュームとは決定的に異なる。（全体的なものの経験論証のための中項の探求を主題としていた）アリストテレスの影が感じられる。しかし、アリストテレスともちがう。

　スミスがアリストテレスと同じ全体的なものの経験論証のために中間事象の想定論を展開していたことは既に見たとおりであるが、中項論の内実はアリストテレスとは全く異なる。アリストテレスの中項論は、（全体的なものの経験論証に必要な）中項の形式条件論（中項の条件を共通性と本質性に求める中項の必要条件解明論）であったのに対し、スミスの中項論は新奇なものや irregular（不規則）な事象に直面したときに生まれる wonder の感情から生まれる想像力のざわめきを鎮めるために新奇なものを既知の馴染み深い familiar なものと結びつけることを可能にする中間諸事象をあれこれ想定してゆく「imagination」（感情の運動）論（［44］64f.）であるからである。既述のように、二つの異なる事象が follow each other するとき、idea 連合が成立するが、この習慣的連接が妨げられるとき、（感覚に即しながらも、感覚を超える全体的なものの認識原理としての）想像力的心的表象は、そのギャップを埋め、結びつける something を発見しようとする。スミスの中項論は、wonder に伴う想像力のざわめきを鎮めるために、新奇なものを既知の familiar なものと結びつける媒介物を探求することが事物認識につながるとする（imagination の感情の動きに即した）事物認識論である。その点、アリストテレスとは全く違うことは明白である。

　アリストテレスとスミスは共に個別の経験を超える全体的なものの経験論

第 2 章　アリストテレスの中項論

証を主題としながらも、その内実は全く違うだけでなく、その意義も異なるように見える。アリストテレスの中項論は、全体的なものの経験論証の手段としての中項の条件を論じたもので、その条件として共通・本質をあげているのはそれなりに筋が通る。一方、スミスの familiar なものと新奇の irregular なものとの結合のための手段としての中項論は、個別的な事物認識の方法論で、wonder から生まれる imagination の動きの事物認識の論理としての意義はそれなりに理解しえても、既知と未知とを結びつける中間事象の発見がどう（個別を超える）全体的なもの（自然の結合原理）の発見につながるかは全く分からず、分かるとすれば全くの偶然か天才の業ということになってしまいかねない。『哲学論文集』の編集者が「天文学史」の論理（認識論）は talk about science であり、wildest guesses に過ぎない（[28] 20）と言ったのも、必ずしも的外れの批判に過ぎないとはいえなくはない。スミスの「天文学史」については内外で多数の論究がなされてきたにも拘わらず、「天文学史」が想像力原理に基づく全体的なものの経験論証の論理の構築を主題にするものであった次第が認識されていなかったのも当然である。

　しかしスミスは、天文学史の考察を通して、古代ギリシャ以降の天文学の歴史が、往時の天文学者たちが新奇な現象に直面して感じる wonder から、新奇な事象を既知の事象と結びつける中間事象を想定して、そこで想定されたものを原理として全体の認識像を構成してきたことの歴史であり、そうした中項の系列をたどっていくうちにニュートンが無中項を発見したと考えたのでないか。だとすれば、スミスはアリストテレスのいう述語の系列をたどることから出発して中項の系列をたどり、それが無中項になったものを原理として全体の経験論証をするというアリストテレスの中項探求・論証論の方法を文字通り実践していたことになり、アリストテレスとスミスの距離は一気に縮まることになる。

　問題はスミス自身が中間的諸事象自体を連続的・系列的に捉えていたかどうかにある。スミスは中間的諸事象の説明に中間的諸事象（intermediate events）の chain の suppose（想定）という形で chain という言葉を多用している。

chain は一般に鎖を意味するが、転じて "鎖を構成する鐶" の series（連鎖 connected series of links）的な意味でも使われる。前に触れた9か所の中間的諸事象についての言及箇所では単独使用の1か所（［28］44）を除く8か所で chain 用語が使用されている。そのうち2か所で「一連の中間的諸事象 "a chain of intermediate events"（［28］42）の想定」、「中間的諸事象の（系）列 "a train of intermediate events"（［28］92））という言葉が使われているだけで、あとの6か所では、「中間的諸事象の some chain」（何かの、どれかの chain）という、いくつもの chain があることを前提した（連鎖・系列論につながる）表現が4か所（［28］44, 44, 50, 58）ある一方、「link together する「中間的諸事象の chain」（鎖・連鎖）の発見というどちらとも断定できない表現が2か所（［28］42, 91）あるので、はっきり断定はできないが、スミスが「対立物を link する chain（鎖）としての中間的諸事象」を連鎖・連系（connected series of links）として系列的に捉えているケースがいろいろあることは事実である。探求者が想定（suppose）するのは中間的諸事象で、chain ではないのに「中間的諸事象の chain」用語を多用したのは、中間的諸事象（中項）が諸事象を結びつける鎖としての役割を果たす事実を close up するとともに、中項の発見が連鎖的に行われる次第を明らかにするためであったのでないか。そうは断定できないとしても、スミスが wonder-imagination 認識論を一回限りの認識方法論としてではなく、連鎖的・系列的に考えていたことは確かであるといえるであろう。いずれにしても、スミスが想像力に基づく新奇と既知との結合論を、『後書』のいう中項の系列論的に考えていたことは、彼の天文学史観や、上述のような chain 用語の使用例からもそれなりに証明されるといえるであろう。全体的なものの経験論証の論理としてのアリストテレスの中項 inquiry 論は、「天文学史」の wonder 論のもつ認識論的意義を理解する鍵を提供するものであったのであるが、「天文学史」の wonder 論のもつ意義は、逆に『後書』の中項（条件）論に生命を与え、『後書』の中項探求論を認識論化した点にあるといえるであろう。

「天文学史」の中項論と『後書』の中項論（＝述語の系列⇒中項の系列⇒

無中項＝原理⇒体系化論）との接点はここにある。スミスは、アリストテレスの形式論理的な中項探求原理論を想像力に基づく新奇と既知の結合論で主体的・実践的に認識論化する論理の展開をしていたのである。アリストテレスが中項の条件としてあげている「共通」論も、familiar なものと新奇なものとの「結合」論と対立する概念ではない。結合論は、新奇と既知とを結合して共通の輪を広げていくことで、すべての事象に共通する無中項を発見する論理になりうるからである。もとより、スミスがアリストテレスの中項論の認識論化を意図的に行ったのかどうかは、『後書』を読んでいたかどうかが不明である以上、断定できないことはいうまでもないが、スミスの wonder-imagination（認識）論が論理的に『後書』の中項論の実践的認識論化という性格（側面）をもっていることは確かであるといえるであろう。そう考えるのは、私の主観的解釈ではないかとみる向きもあるであろうが、「天文学史」の第 2 節の「wonder 論」が、wonder-imagination 原理に基づく全体的なものの経験論証のための中間項論の主体的・実践的認識論化であったことは、既に繰り返し指摘した通りである。wonder 論の中で中間的諸事象論が 5 か所も出ている事実そのものも、その次第を示しているといえるであろう。

　第 4 節の「天文学の歴史」論も、天文学が wonder を契機に新奇な事象に直面した天文学者たちが、新奇と既知とを結びつける原理（中項）をあれこれ suppose して、天空事象を解明しようとしてきた歴史であった次第の、wonder 原理による論証をベースにしたものであったことは読まれる通りである。第 2 節の「wonder 論」で想像力原理に基づく認識の方法論を展開したスミスが、天文学史をそのような方法論の具体的展開として描き出したのは当然であったのでないか。

　スミスは、天文学の歴史的考察を通してアリストテレスのいう全体的なものの経験論証論を wonder-imagination 原理に基づく主体的・実践的な事物認識論として確立したのである。「天文学史」は、wonder-imagination に基づく中項の系列をたどることによって、天空の「自然の結合原理」の発見が可能になる次第を認識論的に解き明かしたものであったのである。それに対しアリ

ストテレスの中項論は、スミスの中項論のように中項の系列を実践的にたどる理論ではなかったため、スミスの『道徳感情論』や『国富論』のように、諸事象に共通する中項を原理とする体系的な理論の構築につながるものにならず、全体的なものの経験論証の形式条件を明らかにしただけにすぎないものであった。アリストテレスとスミスの中項論が全く別物であるかに見える両者の間の決定的懸隔はここにある。

　スミスは、アリストテレスの普遍＝個別内在論に依拠し、アリストテレスの述語論をベースにしながら、アリストテレスやヒュームを超える（大きな意味ではカントにつながる）認識論を事実上展開していたのである。スミスの「天文学史」、その核心をなす wonder ⇒ imagination ⇒中項想定論のもつ認識論的意義はそこにある。ということは、『後書』の中項探求論が無意味であったことを意味しない。スミスの wonder-imagination 論が全体的なものの経験論証のための認識論である次第を理解しうるのはアリストテレスの中項論があったからである。『後書』は、経験界と英知界との二元論や帰納法的な経験一元論と異なり、経験に即しながらも経験を超える invisible な普遍の原理の探求を主題としたものとして、自然の invisible chain の解明を意図したスミスへの道を拓き、「天文学史」の wonder-imagination 論の認識論的意義を認識論的に理解する手掛かりを提供するものであったのである。

3）　中項探求方法論と原因解明論との主題と方法の異質性

　アリストテレスの中項論とスミスの中項論の最大の相違点は以上の点にあったのであるが、両者のもう一つ大きな相違点としては、アリストテレスが既述のような中項論を展開しながら、中項論が全体的なものの経験論証のための論理である次第を明言せず、逆に中項論を原因探求⇒本質解明論として、中間媒体論と同一視している点にある。この問題に対処するためには、簡単にクリアできる手だてはなく、難しい謎解きに挑まなければならない。

　専門外を承知の上で書き添えれば、『後書』は内外とも研究者の間ではあ

まり高く（positive に）受け止められておらず、どう解したらよいか戸惑いがあるようで、言及自体あまりなされていないようにみえる。中項論としての『分析論後書』の意義（問題性）を高く評価した（『心について』をギリシャ語原語から邦訳した）桑子敏雄も、事象の原因解明論としての中間項論に止まっている。アリストテレス自身も、前述の『心について』の五感論などに示されるように、一般的には（A）が（B）を導く原因としての中間媒体論的な形で中項（中間的なもの）概念を使用している。『後書』でも既述のように、「探求」の主題は中項発見による事象の原因⇒根拠⇒本質の解明にあり、原因解明こそが探求の主題である次第を蝕の例などをあげて繰り返し叙述している。「論証」についても、「論証は事物の原因、つまり事物が何故あるかという根拠を証明する推論である」（[3] 692）としていることは、前にも引用したとおりである。それに対して、「全体的なもの」の探求・論証については、中項の発見が大項の解明につながる次第を明らかにし、全体的な論証の方が部分的な論証よりも優れている次第を強調しているだけで、中項探求方法論の主題が「全体的なもの」の探求・論証にある次第が明言されていない。しかし、アリストテレスが原因解明を探求の主題としていたことは、必ずしも（中項発見による）原因解明（⇒根拠⇒本質）論（A）が『後書』の中項探求方法論（B）の主題であったことを意味しない。前者（A）と後者（B）とは、対象も方法もちがう次第がはっきり確認される要がある。原因が分かれば、その根拠⇒本質も明らかになることは『後書』の叙述の通りであるが、原因は『後書』の中項（探求方法）論（Bの方法）によってどのように発見されるのであろうか。（B）の方法の中核をなす小項に共通し大項に通じる中項は、大項論証のための原理であって、原因ではない。月蝕の原因である地球は、蝕を生み出す中間媒体で、小項に共通し大項に通じる中項ではない。原因解明のために中項探求方法論（B）を詳説する必要はどこにあるのか。そうした複雑な手続きを踏まなくても、月蝕や音や色などの事象の原因をなす中項（中間媒体）は発見できるのでないか。個別の事象の原因は、当該事象とそれをめぐる他の事象との関連を考察していけば早晩解明可能であり、

主語と述語をつなぐ中項論を詳しく展開する必要はない。対象と現象との間に中間物をいろいろ想定して挿入していけば早晩原因が分かるという単純な中間物挿入論で済むことであろう。蝕や音や色の原因解明に『後書』で展開されている手続きを踏む人がいるだろうか。

　しかし、人間が「何であるか」は、（B）の手続きを踏むことなしには経験的には分からず、抽象的な空論に終わってしまう。個別の事象は、「なぜか」を問うことで「何であるか」が分かるとしても、「全体的なもの」が「何であるか」は、（B）の方法によらない限り、抽象的に憶測する他はない。中項探求論（B）で発見した中項を原理として経験事象を体系化してゆかなければ、経験的には説明できない。『後書』の中項探求方法論（B）は、個別のものではない、個別の経験を超える「全体的なもの」（普遍）が「何であるか」[注11]を概念的に理解するための中項を発見するための方法論であったのでないか。「全体的なもの〔普遍〕は（もとより）個々のものから離れて存在する何ものかではないが」（[3] 690）、「全体的なもの」が「何であるか」は、個別の事象が「なぜであるか」を問う原因⇒根拠⇒本質（解明）論で分かるものではない。アリストテレスは、「全体的な論証のほうが〔部分的な論証よりも〕優れた論証で」あり（[3] 694）、「全体的なものを証明することは、原理に一層近い中項を通して証明することである」（[3] 695）としているが、アリストテレスが『後書』で展開した（中項）探求方法論（B）の主題は、個別の経験を超える「全体的なもの」を概念的に理解するため、個別の経験諸事象に共通する、大項に通じる中項を発見し、それを原理として大項（全体的なもの）が何であるかを経験的に論証する点にあったのでないか。

　原因解明論（A）の典型として例示されている蝕その他の事象の原因をなす中項が地球とか空気や光などの"物体"（中間媒体）であるのに対し、『後書』の中項探求・発見方法論（B）の対象をなす中項は、引力や共感感情・価値観念などの"観念"である場合が多いことも、（A）と（B）とは、発見の対象も方法も異なることを示しているといえるであろう。

第 2 章　アリストテレスの中項論

　いずれにせよ、蝕や音や色の原因（中間媒体）解明のために（B）の中項探求方法論を詳しく展開する理由・必然性は存在しない。そうした必要のないことをなぜ書いたのか。書いたのは、個別の述語の経験分析から出発したアリストテレスの主題が、個別の経験を超える「全体的なもの」（個別に内在する普遍の原理）の経験論証——そのための中項探求・発見方法（論）の確立にあったためでないか。アリストテレスが『後書』で、部分的なものに対する全体的なもの（の論証）の優位性を繰り返し言及し、『後書』の末尾で（帰納法ではなく）帰納の必要性を念押したのも、『後書』の主題が原因解明それ自体ではなく、帰納法を超える「全体（普遍）認識」の方法の確立を意図していたことの一つの証左をなすといえるであろう。

4）原因解明を探求主題とした理由

　そのように解釈できるとしたら、アリストテレスが「全体的なもの」の探求⇒そのための中項探求方法論の展開が『後書』の主題であることを明言せず、逆に inquiry の主題は原因解明にあるとしていたのは何故かが改めて問われることになるであろう。その理由としては、次のような二つの事情〔a〕〔b〕が考えられる。

〔a〕
　スミスが「哲学的探求指導原理」論の第二論文で論究しているように、古代の宇宙論では、種の保存が天界・下界の諸現象の規制・収斂原理とされていたが、プトレマイオス以前の古代ギリシャの天文学では、第一論文の「天文学史」の叙述の示すように単一原理に基づいて天体現象を体系化することができなかったため、多数の原理を想定せざるをえなかったのであった。そうした知的環境の下でアリストテレスも、人間関係分析で同様な問題に直面していたのでないか。彼が中項⇒原理の発見を「全体的なもの」の解明原理とする中項探求方法論を展開しながら、その方法を倫理学や政治学、経済論

などの分析・叙述に適用した形跡がないのはそのためでないか。アリストテレスは、既述のように「述語の系列」をたどってconceiveした「中項の系列」が無中項化したものを原理とし、原理に基づく論証によって大項を証明できるとしていたが、実際にはスミスとちがって無中項を発見しえなかったため、単一原理に基づく「全体的なもの」(大項) の論証ができなかったのである。アリストテレスが、全体的なものが探求の主題である次第を明言せず、探求＝論証のモデルを原因解明に求めた一つの理由もそこにあったのではないかと考えられる。そうしたアリストテレスの（認識論の）限界を鋭く見抜いていたのがスミスであった。

　周知のように、スミスは、『修辞学・文学講義』の第24講（1763・1・21）で体系の説明方法として諸現象を「我々の眼前に生起する順序に従って……一つひとつの現象ごとに一つの原理を示す」アリストテレス的な方法よりも、ニュートンのように「先ず初めに第一義的な原理、あるいは立証された原理をいくつか集め、それに基づいてそれぞれの現象を説明し、それらの現象すべてを同一の鎖で結びつける」方法の方が優れているとし、後者を「ニュートン的方法」と呼び、「最も哲学的な方法である」（〔30〕145－146、tr.286、水田251）と述べている。アリストテレスの（事象記述）方法がニュートンのそれと対極的（な方法）であるといわれる所以はそこにある。しかし、アリストテレスとニュートンの説明（事象記述・論証）方法のちがいは、「論証」のベースをなす「原理」が単数か複数かにあるので、アリストテレスの『後書』の認識論（中項探求方法論）がニュートンやスミスのそれと（原理的に）ちがうことを意味するものではない。逆に、アリストテレスも、ニュートンやスミスと同じように、中項の探求・発見論による「全体的なもの」の経験論証を意図していたのであるが、中項の系列が無中項になった原理を発見するに至らなかったため、ニュートンやスミスのように単一原理に基づく体系化ができず、探求（inquiry）の主題を原因解明論に求める形でinquiry論の効用を説かざるをえなかったのでないか。アリストテレスとスミスの基本的相違点はここにある。アリストテレスが『後書』の中項「探求」方法論（B）

第 2 章　アリストテレスの中項論

の主題が個別の経験を超える「全体的なもの」〔普遍〕の経験論証のための認識方法論の構築にある次第を明言せず、(B) の意義や効用を蝕に代表される分かりやすい原因解明論 (A) で代表させた一つの大きな理由はそこにあったといえるであろう。

〔b〕

　アリストテレスが『後書』の中項探求方法論 (B) の主題を (A) で代表させたもう一つの理由としては、彼が『心について』その他で、より一般的に使用している「中間的なもの」観や「中間媒体」（⇒原因解明）論と、『後書』の中項探求方法論 (B) を一体的に説明して両者の本質的同一性を示すため、双方に共通する中項論の効用を原因解明⇒根拠⇒本質論 (A) で代表させたのではないかと想定されるが、(B) の主題が全体的なものの経験論証にある次第を明示せず、(B) の意義を (A) の中間媒体の挿入⇒原因解明論で代表させた根本原因は、前述〔a〕の事情にあることは明らかであるといえるであろう。

　そういえるであろうというのは、もとより私の解釈でしかないが、かりにスミスが『後書』を読んでいたとすれば、スミスは、上述のような二項対立論的曖昧さを含む『後書』の秘められた主題が「全体的なもの」の経験論証にあり、その鍵を中項探求・発見方法に求めていた次第を洞察していたのではないかと考えられる。スミスは、天文学史を考察しているうちに、ニュートンが『後書』と同じような探求方法に基づいて自然の結合原理を発見した上で、経験観察の結果を体系的に叙述していた次第に気付き、『道徳感情論』と『国富論』でアリストテレス的探求方法に従って発見した中項原理に基づく人間界と経済現象の経験観察の結果を体系的に叙述したのであるということができるのではないであろうか。

　逆に、『後書』を読んでいなかったとしたら、（『管見』で推論したように）スミスは、天文学史の考察を通してアリストテレス的な「探求」・「論証」の方法を学びとり、それを『道徳感情論』と『国富論』で人間界や経済現象の

分析・叙述に適用したということになるであろうが、その場合でも、『後書』の中項探求・論証方法論がスミスの方法、認識論の認識論的構造を明文化したような論理内容を含むものとして、スミスの方法理解に不可欠の役割を果たす文献であることは確かであるといえるであろう。『後書』の inquiry 論を下敷きにすると、スミスの方法・論理内容がよく見えるのはそのためであるが、よく見える次第はそれだけではない。

　スミスの探求主題・問題意識そのものも、『後書』執筆に至るアリストテレスの思想と深くかかわっている次第に注目する要がある。『管見』で論証したように、スミスは「哲学的探求指導原理」論の第一論文をなす「天文学史」で、ヒュームの『人間本性論』の idea 連合論から出発しながら、その原理を拡大して諸現象を結びつける中項を発見し、それを原理として経験観察の結果を体系化することによって「全体的なもの」を経験的に論証する方法を探究し、第三論文で個別に内在しながら個別を超える普遍の原理の解明が科学としての哲学の主題である次第を（古代の論理学・形而上学の例証に即して）指摘していたのであった。こうした「哲学的探求指導原理」論の論理（展開）は、スミスがアリストテレスの普遍＝個別内在論に共感して、（主語―述語関係を逆転させて述語の諸形態の経験分析を根幹にした）アリストテレスと同様の問題意識に基づいて、述語（個別）の経験分析を根幹にしながら中項を媒介させることによって、普遍（的な）原理に基づく「全体的なもの」の経験論証を探求の主題にしていたことを示すといえるであろう。

　アダム・スミスの経験論は、一般にいわれるようなヒュームと同じ経験一元論ではなく、ヒュームの認識論をベースにしながらも、経験だけでは原理・体系・普遍認識には至りえない経験（一元）論の原理的限界を超える「全体的なもの」の原理的・体系的認識に至るため、経験観察から出発しながら、経験したことのない事象に直面したときに感じる wonder の感情から生まれる imagination のざわめきを鎮めるため、中間項を想定することによって発見された原理に基づく現実の動態の経験分析を行うというすぐれて主体的・実

践的な経験論であったのである[注12]。

こうしたスミスの中間項論は、スミスと同様にヒューム経験論の意義をそれとして肯定し、またヒューム経験論の精神を継承しつつ、なおヒュームの限界を克服するため経験観察の結果の悟性概念化に基づく体系化（純粋理性論化）を意図したカントと対比するとき、一段とその意義が明確になることであろう。

● 注
1）この『心について』の五感の中間媒体論は、触覚や味覚を含むすべての感覚が内部感覚であるとする理解に立脚するもので、1次感覚と2次感覚、sense in the organ と sense on the organ との区別の意識はないことに注意されたい。（詳しくは『管見』第1部第3章参照。）『分析論後書』の中項論とはちがうが、月蝕の例の示すように、中間物を入れることで原因を解明するという考え方の表現としては共通するといえよう。
2）この認識は形相＝質料の不可分論に照応するといえよう。質料は形相を含むので、個の分析を通して普遍を知ることができる、という論理である。
3）『形而上学』でも、述語分析⇒エイトス論の中間に中項論を想定しているが、中項は数学的対象とされているだけで、中項探求方法論は展開されていない。
4）アリストテレスは、述語の経験分析から経験だけでは論証できない主語の内実を解明するための手段として中項論を展開したので、帰納法とは原理的にちがう。帰納法なら中項は必要ない。原理に基づく論証である演繹の前提に、中項の探求・発見論を主題にしている点で演繹法ともちがうといえるであろう。
5）アリストテレスが無限の認識を否定しながら「全体的なもの」の認識を主題としたことは、（彼が）個別の経験を超えるものの認識を拒否し、普遍認識を否定するベイコン的な個別の唯名論的総体認識を意図していたことを意味しない。ベイコン的な経験一元論であるとしたら、「帰納法批判」のセクションでふれたように中項論を展開する必要はないからである。アリストテレスは、「全体的なもの」の方が、可滅の個別はもとより、「部分的なもの」よりも事物の普遍的な本質認識に近いと考えたため、個別の経験を超える「全体的なもの」の経験認識を可能にするための論理としての中項論の構築を主題としたのでないか。

6）無中項とは、「他の前提命題がそれより先にないということである」。([3] 618)
7）訳者が上記訳文中に挿入した［　］内の補足説明用語は、訳者の「中項論＝原因解明論」説に基づく解釈で、事物が「何であるか」の意味を狭く解することになってしまうのですべてカットした。
8）アリストテレスは、既述のように、個々の事物—部分的なものより全体的なものの認識・論証を優位に置いていることを想起されたい。
9）この箇所の原文は、事物が何であるかは、それ自体としては（中項の媒介なしには）論証も推論も成立しないが、探求＝発見された中項を原理とすれば、推論＝論証を通して明らかになるという意味である。
10）fancy の母語は fantasy で、fantasy はギリシャ・ラテン語の phantasia に由来するものであるが、スミスは fancy を単なる空想ではなく、ギリシャ・ラテン語の phantasia（心的表象）的なニュアンスで使っているのではないかと考えられるので、あえて心的表象（活動）と訳すことにした。アリストテレスは、『心について』で、fantasia（phantasia）を感覚と理性をつなぐ、思考に基づく心的表象として捉えているが、感覚を超える自然そのものの invisible chains ([28] 45)、concealed connections ([28] 51) の発見を主題とする「天文学史」の中項論は、想像力が新奇なものに直面すると機能しなくなるため、想像力的心的表象としての fancy（空想 visionary notion）が何かを間に挟めばよいのではないかと感じることから既知と新知とを結ぶ中項の探求がはじまる次第を説いたものである。

　なお、本書で wonder-imagination（原理に基づく）認識論という際の imagination とは、idea 連合（による認識の形成）を可能にする認識の根源的源泉としての imagination の（想像力的心的表象としての fancy の空想的機能をも含めた）活動の総体を指していることを指摘しておく。wonder-imagination ⇒ 中項探求・発見というのは、fancy 活動をも含めた imagination の活動に基づく中項の探求・発見の意味である。

　想像力を感覚に即しながら感覚経験を超える認識源泉として捉えていたのは、アリストテレス（phantasia）もカント（次章でふれる構想力 Einbildungskraft）も同じであるが、スミスの imagination 論の特色は、なじみのない新奇の現象に直面すると wonder（驚異）を感じ、人間の自然の感情としての imagination がざわめき、活動を停止してしまうことから想像力的心的表

象としての fancy が中間に何かを入れればよいのではないかと感じることから中項の探求活動がはじまり、結合原理としての中項が発見されると想像力が活動を再開して諸事象を結合⇒体系化することになるという形で、imagination の活動を立体的・動態的に捉えている点にあるといえるであろう。

11)「全体的なもの」が「何であるか」の前提をなす「全体的なもの」とは何かについては、アリストテレスは「人間」の例をあげているだけで、具体的には論究していないので不明であるが、「全体的なもの」は、唯名論的な個別の総体ではない。理論的には個別を超えるより普遍的な主題はすべて含まれるが、基本的には、個別に内在する「普遍」の原理、その具体的表現としては「宇宙」の原理、「自然」法則、「人間」の本性、「社会」現象、「経済」法則などが想定されていたのでないか。そうした対象でなければ、経験を超える phantasia 原理による中項の探求・発見を主題にする必要はないからである。アリストテレスは、中項の探求・発見法として、個別の述語の経験観察を通して個別に共通するものを発見するというすぐれて経験的方法を提示しているので、ベイコン的な経験論に通じるものと考えられているが、アリストテレスは、小項に共通し大項につながる「本質」的なものを中項の条件としているので、ベイコン的な経験論とは異なることは明らかであるといえよう。『後書』の「全体的なもの」の探求・論証方法と同じような論理で「全体的なもの」を解明した例としては、ニュートン、「天文学史」の天文学、『道徳感情論』の人間・社会分析、『国富論』の経済学があげられるであろう。

12) 帰納と演繹は、相違点が不明確なまま使われている場合が多いので、本章の結びに代えて触れておきたい。

　帰納法では不十分なので演繹法に移ったというような捉え方は正しくない。帰納と演繹は、どちらを選ぶかという選択の問題ではない。帰納は「探求」であり、演繹は「論証」である。演繹は、原理に基づいて論証するものなので、ア・プリオリなカテゴリー操作による概念か、経験観察をしているうちに思いついた原理に基づく推論ないし論証をすることで、探求ではない。探求は、経験観察に基づく idea（観念）の形成・連合などを主な手段にするものであるが、帰納だけでは原理化・体系化はできない。見えないものも認識できない。数学的方法は、既知の知識

を基準に全体的なものを幾何学的に推論する論証方法で、探求の有力な手段として天文学者が愛用してきた方法であるが、未知の新奇な現象には適用できず、原理化もできない。

　アリストテレスとスミスの中項論は、観察を重ねて（「小項の系列」をたどって）いるうちに見えてくる諸現象に共通する（中項的な）ものが無中項になったものを原理として全体（的なもの）を体系化（論証）する方法であった。中項論は、帰納法を前提しながら、その限界を超す探求論だったのである。アリストテレスが帰納の重要性を繰り返し強調していたのもそのためであるといえるであろう。中項論は、帰納法の補完・補正論でもあったのであるが、帰納法とは違う。中項論は、個別の経験を超える「全体的なもの[普遍]」の認識を主題とするものであるからである。個別の中に普遍の原理を見ようとしたアリストテレスが、帰納法を前提しながら帰納法とは原理的に異なる探求方法論を構築しようとしたのは当然と言えよう。

第3章
カントの『純粋理性批判』の主題

1) ヒューム経験論の純粋理性論化論の展開

　『人間本性論』の「はしがき」で反普遍主義宣言をしたヒュームは、idea（観念）化できるものだけを「認識」の対象とする観念連合論的知覚経験論を展開したのであった。スミスがそうしたヒュームの認識論、その"反普遍宣言"に衝撃を受け、『人間本性論』の経験主義に共感していたことは確かである。スミスが「天文学史」でヒュームのidea連合論に全面的に依拠した論理を展開していたことも、その一つの証左をなすといえるであろう。スミスは、idea連合の原理としてのヒュームのimagination論をより能動化した想像力原理に基づく自然のinvisible chains＝自然の結合原理の探求を主題としていたのである。スミスがその原理とした中間項の想定論も、直接的には（アリストテレスの『分析論後書』の影響というより）ヒュームが『人間本性論』の中で述べていたthird thingsの挿入論の適用とみる方が正しいように思われる。しかし、ヒュームの中項論はあくまでも容易に結びつかない観念を連合させるための方法として想定されたものにすぎないのに対し、スミスの中項論は、個別の経験→普遍（自然の結合原理）の発見のための方法とされている点において、決定的に異なる次第が注意される要がある。
　こうしたヒュームとスミスの論理の差異の原因は、個別の経験を超えるも

のについてのヒュームの懐疑主義と自然の合目的性を認めるスミスの自然主義との対極性にあると考えられるが、ヒュームも自然の必然法則は「認識」しえないが、common sense belief（常識的信念）の対象として存在するとすることによって、自然の事物そのものの運動の論理を仔細に考察していたのであった。ヒュームとスミスの接点はそこにあり、スミスがヒュームの『政治論集』その他から大きな影響を受けていたことは、多くの研究者が指摘するとおりである。ヒュームにおける懐疑主義と自然主義との関係が問われる所以もそこにある。しかしヒュームは、その認識論の必然的帰結として、経験分析の帰結の原理化・体系化を拒否していただけでなく、因果関係や作用⇒目的の（論理の）必然性をも否定していたのであった。ヒュームの自然主義は、スミスやカントのように自然そのものの客観的合目的性を認めるものではなく、自然主義の実現の道を人間の理性と utility 原理に求めるものであった。それは彼の経験一元論の当然の帰結であったが、ヒュームは経験主義では普遍認識には至りえないという経験×普遍の Antinomie をクリアする道を、アリストテレスやスミスのように中項の発見にではなく、理性と utility 原理に求めたのであるということもできるのではないであろうか。

　これに対し、ヒュームの経験主義宣言に共感しながら、その懐疑主義的帰結にショック（衝撃）を受けたカントは、経験一元論の認識論的弱点克服の論理の構築を主題とする一方、「我々を可能的経験の領域の外へ連れ出そうとする推論はすべてごまかしであり、根拠のないものである」（[18] 中305）として、経験一元論と反経験主義を共に否定し、感性的表象を時間・空間のカテゴリーで分類・整序し具体的に規定された悟性概念化することによって感性的表象を経験理論化しようとしたのであった。

　カントはヒュームのように知覚した印象から形成される idea を連合することで認識を構成するのではなく、感性が思い浮かべた（vorstellen した）感性的表象を時間・空間に集約される質・量などのカテゴリーに分類・整序し、具体的に規定された悟性経験概念化することによって、感性的な経験観察の結果を認識の構成要素化したのである。カントがこのように vorstellen（思い

浮かべ表象）したものをそのまま idea（観念）化しないで、ア・プリオリな Kategorie に分類・整序したことには、ヒュームの idea 論の前提をなす認識主観の無規定性に対する認識批判があったのではないかと考えられる。私たちが事物（に接するとき眼前に現れる映像）について idea を形成することができるのは、何らかの観点に基づいて映像を整理・分類・統一するためである。観点を前提しなければ、眼前に現れる千差万別の映像が走馬灯のように移りゆくだけで、何の認識も形成されないであろう。認識が対象叙述を主題とするものである限り、何らかの観点を前提するのは当然なのであるが、それだけに認識主観が無規定では認識の客観性が保証されないのも当然である。カントが、観念（idea）化される以前の感性的表象論から出発した上で、vorstellen した（感性的に思い浮かべた）ものをア・プリオリな Kategorie に分類・整序することによって悟性経験概念化したのはそのため（こうした認識批判に基づいたもの）であったといえるであろう。カントはヒュームの知覚経験観念論が前提していた認識主観の無規定性⇒（その帰結としての）idea 論の認識論的曖昧性をクリアするため、事物に接したとき思い浮かべた映像（感性的表象）をそのままア・プリオリな Kategorie に分類・整序（して悟性経験概念化）することによって、感官知覚に基づく経験認識の客観性を担保しようとしたのであるということができるであろう。

　その上で、カントはさらに感性的表象を経験理論化した悟性概念を理性で整理・統一することによって、経験観察の成果を経験的理論体系化しようとしたのであった。こうした感性的表象の悟性概念化⇒その理性的統一・体系化という（感性→悟性→理性の）論理展開は、ヒューム経験論の認識論的弱点と、原理化・体系化を拒否する経験一元論の（無原理・非体系性にともなう）懐疑主義をクリアして、より客観的な経験理論を構築する意図に基づくものであったといえるであろう。

　カントはこうした形で経験論の純粋理性論化を図る一方、悟性的経験概念を理性論化する際に陥りやすい、感性的経験を欠いた非合理的な理性的推論が生み出す仮象像を実在とすり替える誤謬推論を防ぐため、『純粋理性批判』

の第2部第2編の1-2章で、「純粋理性の誤謬推論について」と題する純粋理性の Antinomie 論を展開している。カントはそこで二律背反の例として四つのケースをあげているが、第一 Antinomie 論で、有限論（経験論）では無限の証明ができず、無限論では有限が証明できない（ので有限か無限かは成立しない）次第を明らかにし、有限→無限を認めるのはペテン師であるとしている。有限論（経験論）では無限の論証はできない（両者は両立しない）という論理が、個別から普遍は導きえないとして普遍認識を否定したヒュームの反普遍＝経験主義宣言に照応することは明らかである。カントも、経験はいくら積み重ねても、普遍認識に至りえないことを繰り返し指摘しているのである。しかし、有限（経験）⇒無限（普遍）の Antinomie を認める以上、経験主義の原理を守りながら経験主義の無原理性を克服するためには（経験分析そのものの中に）何らかの別の論理を導入する必要があることになるであろう。

　カントが「先験的弁証論」の第2編第2章「純粋理性の Antinomie 論」の8-9節で純粋理性の統整的原理論を展開し、理性の統整的原理の経験的使用について語った理由はそこにある。カントは「先験的方法論」の「付録」で認識の根源的源泉としての「感官・構想力・統覚」（[18] 下 148, 162）がすべて主観の産物である次第を明言し、すべての認識はカテゴリーによって規定された主観の産物であるとしているが、Antinomie 論の第6節でも、「宇宙論的弁証論（の Antinomie）を解決する鍵」は「先験的観念論」（[18] 中 168）にあるとした上で、理性の統整的原理の経験的使用論に入っている。カントは、そこで感性的経験の悟性経験概念化論の統一・体系化原理としての理性が理念を前提（ベース）にしていることから、現実の経験の（悟性概念に媒介される）理性的統一・体系化が理念（認識主観の理性的観点）を原理とする統一・体系化である次第をクローズアップしている。カントは、そうすることによって経験分析そのものの中に経験の原理化・体系化の契機を見出そうとしたのでないか。[注1]

　こうした論理展開は、カントがヒュームの経験一元論の純粋理性批判論的

揚棄を意図していたことの一つの証左をなすといえるであろう。カントは、ヒュームが自覚していた経験×普遍の Antinomie を克服するため、感性的経験の原理化・体系化が認識主観の理性的観点（理念）を前提すれば可能になる次第を論証することによって、ヒューム経験論の無原理・非体系性を克服しようとしたのである。別言すれば、カントは感性的経験の悟性概念化⇒その理性的体系化論で経験論を純化することによって、ヒューム経験論のはらむ悪無限性（懐疑主義）をクリアした上で、経験論も何らかの理念＝認識主観＝原理を前提するならば、体系的な理論として成立しうる次第を明らかにしたのであるということができるであろう。

　カントの哲学が古くから主観的観念論といわれていたのもその限り当然である。カント自身は自らの哲学体系を「先験的観念論」と規定している。それが一番的確な表現であることはいうまでもないが、『純粋理性批判』の中核主題の一つがヒューム経験論の整序・概念化による純粋理性論的経験理論化にあった次第を重視するとき、「先験的経験論」とでもいう方がカント自身の問題意識に即した表現であるということもできるのではないかと思われる。しかし、果たして上述のような形で感性的表象を悟性概念化し、理性的に体系化したカントの純粋理性批判論的経験論が経験論といえるかどうか。経験は純化の過程で drop（脱落）してしまうのでないか。その次第は、感性的経験の悟性概念化、より以上に理性的体系化の Träger としての Einbildungskraft（構想力）論の実態をスミスの imagination（想像力）論と対比するとき、より明白になることであろう。

2）　構想力論と想像力論との間

　カントは、「先験的分析論」の第2編第1章の「純粋悟性概念の図式論について」において、「カテゴリーを現象に適用する」ためには「知性的であるとともに感性的なものがなければならない」（[18] 上 215）。それが図式であるとした上で、「概念に形像を与える」「図式は、それ自体常に構想力の

所産にすぎない」（[18]上217）と述べている。カントは感官とちがって感官知覚を超える想像機能をもつ構想力を、感官・統覚とならぶ「主観的認識源泉」と考え、知覚を結合し、「直観における多様なものを綜合して一つの形像にする能力」（[18]下166）としてとらえていたのである。カントが構想力論を図式論で展開したのは、こうした構想力の綜合性と産出性を示す適例と考えたために他ならないといえるであろう。カントは、（図式論の中で）こうした構想力を「産出的構想力」と名付けているが、こうした産出的構想力の活動は、（上述のような）感性的表象の悟性概念化に止まるものではなく、（後述のように）悟性概念の理性的統合・統一力として展開されていることは明白である。アリストテレスは『心について』の中で、phantasia（想像力的心的表象）を経験に基づきながら経験を超える心的表象とした上で、悟性論を理性論につなぐものとしているが、カントも、構想力にそうした機能を付与していたといえるであろう。

カントはその一方、「先験的方法論」の「付録」では、"二つ以上の表象がしばしば継起・同伴すると、連合・結合する経験的な法則が存在する。""そうした再生的な経験的綜合がないと、われわれの経験的な構想力はその能力を発揮できずに死んでしまう"（[18]下150）という趣旨のことを述べている。再生的構想力論と呼ばれるこうした構想力の経験的側面の指摘は、ヒュームのimaginationに基づく観念連合（の強化）論を踏まえたもので、スミスが「天文学史」のwonder論（[28]40-41）の中で展開している論理と驚くほど類似しているが、カントは、多様なものの結合を可能ならしめる綜合は、ア・プリオリな構想力の産出的綜合だけで、構想力の再生的綜合は、経験的条件に基づくものであるから、綜合原理たりえないとしている。カントは、"カテゴリーを経験から導く一切の試みは無益であり"、「構想力は、直観における多様なものを綜合して一つの形像にする」「ア・プリオリな綜合の能力である」。（我々が構想力に産出的構想力という名を与えるのはこの故である）（[18]下166、168）としていたのである。

こうした産出的構想力論が、ヒュームのimagination（原理）に基づく観念

連合認識論とは異なる、認識主観原理に立脚する構想力論であることは、この「付録」の後段の叙述からも明らかであるが、この産出的構想力論もスミスの imagination 論につながる契機を含んでいる。しかし、スミスの imagination 論とは原理的に異なる次第が注意される要がある。

スミスの imagination 論は、自然の感情論（感情の運動の論理学）で、familiar でない現象に直面すると、ideas がうまくつながらなくなり、想像力がざわめくので、それを鎮めるために、いろいろ imagine-suppose して中間項を挿入して、発見された結合原理に基づいて自然の動態を経験的に体系化するための論理であった。この論理が自然の動態の経験観察から出発して、（発見された結合原理に基づく）中項媒介の個別的経験の体系化のための論理であることは前章でみたとおりである。観念連合論やカント的な Kategorie 論とは異質の、事物についての conception 形成に基づく実在論的な事物認識論であることは明白であるといえるであろう。

それに対して、カントの認識論は、認識主観による感性的経験の結合・体系化論であるため、Einbildungskraft（構想力）が（中項の発見原理ではなく）表象や概念の綜合原理として、（経験に基づきながら経験を超えるアリストテレスの phantasia 的な）想像力に基づくカテゴリーや純粋理性の統整原理の形成能力としてとらえられることになったのでないか。カントの構想力はスミスの imagination（想像力）とちがって、認識の構成要素を綜合する能力であったのであるが、「認識」が構想力や理念を前提するものである限り、綜合が主観的綜合でしかないのは当然である。その場合、綜合された全体像も対象そのものとは別物でしかないことも、改めて指摘するまでもない事実である。しかし、アリストテレスやスミスのように、小項に共通する中項を発見（conceive）し、それを原理として、諸現象の観察結果を体系化していけば、対象そのものの経験的認識（概念把握）像が構成できるであろう。（もとより、この後者の場合でも経験の体系化の原理をなす中項原理も、認識主観の構成物としての相対性を免れないが、）17〜18世紀の思想史を例にあげれば、利己心—利他心—道徳感覚が人間本性の原理として想定され、それに基づく

社会分析が行われたが、いずれも人間社会の結合原理としては普遍的な妥当性がないことから次々に破綻し、ヒュームースミスに至って、共感⇒同感をニュートンの引力説のような人間社会の結合原理とする理論が展開されるようになって初めて、それなりの普遍性を獲得することになったことは周知のとおりである。アリストテレス的にいえば、近代思想は上述のような「中項の系列」をたどって無中項になったのがヒューム⇒スミスの共感⇒同感原理であったのであるといえるであろう。

　こうしたスミスの imagination 論とカントの Einbildungskraft 論との本質的違いは、スミスの感情の運動の論理学的な論理展開とカントの統整原理論とのちがいにも端的に示されているといえるであろう。スミスの理論は人間の自然の感情・欲求・性向・願望の経験分析を根幹にした上で、それらが自然に収斂してゆく物理の原理・本質の概念的理解（conception）を主題にするものであった。市場価格の up-down が収斂してゆく子午線としてのスミスの自然価格論がその典型をなすことはいうまでもない。これに対し、カントの統整原理論は、感性的表象⇒その悟性化経験概念を認識の構成要素として前提しながらも、構成原理論とは有機的にはつながらない認識主体の理念（認識主観の理性的観点）に基づく理念型的構成論にすぎないことは明らかである。カントの統整原理論は、スミスの自然価格論のように up-down の諸現象が収斂してゆく事象の Wesen（個別の経験に内在する普遍の原理）論ではなく、理念に基づく認識の構成要素の体系化による現実の規制・批判原理として字義どおり構想されたものであったのである。カントの Einbildungskraft 論が個別の経験⇒普遍の Antinomie を前提する（個別の中に普遍の契機が内在することを認めない）論理である限り、（スミスが展開した経験そのものの収斂原理論のように経験そのものに即した論理にならず、）規範的・主観的色彩の強い、現実の動態の統整（規制・統制）原理論とならざるをえなかったのは、カントの認識論の必然的帰結であったといえるのではないであろうか。ヒューム経験論の懐疑主義的帰結の克服を意図したカントは、ヒュームの idea 連合（認識）論の限界をこえるア・プリオリ原理に基づく経験的な認識

論の構築を意図したが、その実態は経験論の完成ではなく、経験論からの乖離・逸脱でしかなかったのである。

　アダム・スミスは、『管見』で論証したように、中間項を挿入すれば、個別の感性的経験の結合原理を発見することができると考え、それを社会認識の原理としたのであった。こうしたスミスの論理が普遍は個別に内在するとしたアリストテレスの『分析論後書』の認識論と照応することは前章でみたとおりである。"個別（経験）⇒普遍は Antinomie でも、中間項を挿入（想定）して、個別の動態の結合原理を発見（conceive）し、それを原理として個別の諸現象を体系化していけば全体的なもの（普遍）を説明することができる"、というのがスミスの方法、認識論であったのである。普遍の認識可能性を原理的に否定する経験一元論では、経験分析を積み重ねて仮定法的・静態論的な経験法則化はできても、原理化はできない。中間項の想定論を欠いたカントの構想力論では（認識の）構成要素と統整原理を有機的にとらえることができないことは明らかである。現象界と英知界との二元論に走ったカントはもとより、スミス以上に経済関係の実態を鋭く洞察し、その運動原理を明快に解き明かしていたヒュームも、学としての経済学の生誕には至らず、スミスが経済学の創設者（の1人）となった理由を理解する一つの鍵はここにあるのではないであろうか。

3）カントとスミスの分岐点

(1) 自然法則と自由の二律背反

　カントの認識論は、ヒュームの idea 論の認識論的弱点を克服するため、悟性経験概念化した上で、反転して認識主観的観点に基づく経験論の原理・体系化を意図したものであった。こうしたカントの認識論が、ばらばらな ideas を結びつける鎖（中項）を想定（発見）することによって、それを原理として個別の経験を体系化したスミスの「天文学史」の認識論とは似て非なる原理に立脚していることは明らかである。しかし、こうしたカントとス

ミスの認識論の似て非なる構造は、必ずしも注目されることはなく、逆に、これまでの研究では浜田義文論文やオイケン、ハスバッハなどに代表されるように両者の親近性が一面的に強調されてきたといえるであろう。

　最近の研究でも、スミスは自然の制約を超える「普遍的道徳規則」の構築を意図していたとするカント的なスミス解釈がなされる一方、カントもヒューム経験論の懐疑主義的難点を克服した経験論の展開を意図していた点でスミスと同じであるとする見解などが展開されている。カントもスミスもヒューム経験論の揚棄による経験論の原理・体系化を意図していた点では確かに同じである。

　同じといえば、カントとスミスの主著の展開の順序まで似ているということさえできるであろう。かりに両者の主題の展開順序を認識論から道徳論に進み、自然理論に至ったものとすれば、カントは、『純粋理性批判』⇒『実践理性批判』⇒『判断力批判』、スミスは、『哲学論文集』（天文学史）⇒『道徳感情論』⇒『国富論』という形で、両者は共に認識論から道徳論に移行し、その上で改めて自然理論を構築したとみることもできないではないであろう。こうした両者の著作の順序の外見的共通性が両者の問題意識の同一性を意味するかどうかは別にして、両者が共に自らの認識論を構築したのちに、道徳論を主題にし、その上で改めてより現実的な自然理論の形成に入るという思想（論理）展開の枠組みは全く同じであるといえるであろう。

　しかし、カントとスミスは、ヒュームのidea論（認識論）の弱点の揚棄を意図していた点では同じでも、止揚の仕方は根本的にちがう。その次第は、本書の2章2節と3章1節の叙述に示されているとおりであるが、なぜ・どこが・どうちがうのか、なぜかの理由⇒その帰結がどういうものであるかは、必ずしもクリアにされてないので、その次第を少し具体的に考察することにしたい。

　カントとスミスの認識論の根本的対極性を生み出した謎を解く最大の鍵は、『純粋理性批判』の第3 Antinomie論にあるのではないかと思われる。「自由と必然」のAntinomieは、スミスにとっても思想形成の根幹をなす根本主

題（[40] 39‐40, 207‐8,etc.）であったが、カントも『純粋理性批判』の第3 Antinomie 論で自然法則と自由の二律背反について論じている。彼はそこで自然法則（Gesetz der Natur）に従う原因（性）とは別に自由（Freiheit）も（因果律 Kausalgesetz）の原因をなす次第を論証し、「自然法則からの自由（非従属）」、Freiheit（Unabhängigkeit）が強制からだけでなく、あらゆる規則の入門書からの解放である（[18] S.549）としたのである。カントは、（人間には）先験的に自由（transzendental Freiheit）がある次第を強調して、自然法則と自由が二律背反ではない（次第を明らかにしよう）としていたのである。しかし、人間が自然法則に制約されない自由な主体であるとすれば、自由な世界像の構築が関心の主たる対象になり、自然法則そのものは逆に人間による認識の対象化されていくのも、自然の成り行きということになることであろう。

　こうした自由論に照応する論理は『純粋理性批判』の認識論そのものに明確に展開されているように思われる。既述のように、『純粋理性批判』の認識論は、一言に要約すれば、事物に接するとき思い浮かべる（vorstellen する）印象像をカテゴリーに分類・整除して悟性経験概念化した上で、理念に基づいて体系化する論理であった。カントの認識論は、こうした論理展開の根幹をなす vorstellen 論の思い浮かべるという文意に象徴されるように、受動的で事物認識の視点が弱いだけでなく、逆に、こうした受動的経験を認識主観原理で統一しようとする印象が強いことは否めないであろう。カントの認識論は、事物についての idea 形成を意図したヒュームの認識論的難点を避ける手段として vorstellen 論から出発したため、ヒュームのアイディア連合論にみられるような対象との接点（客観への通路）が希薄になり、逆に、受動的経験のカテゴリー論と理念論による主観的再構成論になっているのでないか。こうしたカントの論理展開が自然法則と自由に関する彼の思想の帰結であるとまでは明言できないとしても、両者が照応関係にあることは確かといえるであろう。

(2) 自由論の認識論的帰結

カントは、人間を自然法則に制約されない自由な存在としたため、自然を認識の対象化し主観的に統一する道を歩むことになったのでないか。カントが Ding an sich（物自体、自然法則それ自体）は、認識できないというのも、認識できないからではなく、認識主観の観察・経験を超える「別の原因」である自然法則に属するものであるから認識できないし、あえて認識する必要もないということであったのでないか。こうしたカントの認識論が、対象（Ding an sich）そのものの認識論ではなく、経験できるものだけを認識の対象化した主観的な概念構成論であることは明らかであるといえるであろう。

カントは、上述のような Antinomie 論とそれに照応する『純粋理性批判』の認識論に基づいて、自然そのものだけでなく、世界全体を主観的な認識の対象化する思想を展開することになったのでないか。新カント派の「事行」の論理は、こうしたカント哲学の本質をクリアに表現したものということもできるであろうが、こうした思想は、カントのみのことではない。W．ゾンバルトは、かつて主著『近代資本主義』の中で、知（学）⇒情（愛）⇒行（実践）の三つの世界を次々に征服していったゲーテの『ファウスト』のうちに近代資本主義的な無限の自己拡大の精神をみていたが、カントの自由観は、デカルトのコギト（cogito）とともに、こうした近代思想への道を拓くものであったのでないか。

しかし、人間が自然法則に制約されない自由な主体であるとすれば、自由に伴う責任が問題になる。カントが『純粋理性批判』に続く（第2批判で）『実践理性批判』を書き、自然の制約を超える普遍的道徳規則の探求を主題にした理由はここにある。カントは、自然法則から自由な人間自らの「道徳的目的」の実践によって自然の欠陥をカバーすることが必要であると考えたのでないか。カントが『純粋理性批判』から『実践理性批判』に進んだのは、彼の〈自由論の必然的帰結であったといえるであろう。『純粋理性批判』を根幹とするカントの関心は、認識の対象化された自然の枠を超える事物そのものの認識論の展開よりも、自由に伴う責任を果たすための普遍的道徳規則の

制定にあったのでないか。

　カントが人間も自然の必然法則の支配下にあることを明確に認識し、自然自体を認識主題にしていたことは、死ぬ直前の1790年の『判断力批判』と、それに先立つ1784年の「世界市民的視点からみた一般史の理念」の第4命題などの示す通りであるが、『判断力批判』においても、最後は実践理性的観点に戻っていたのであった。

　こうした主著の展開の順序や、最後まで自然法則そのものは全面的には信じえず道徳的実践に頼る論理も、カントの哲学が第3 Antinomie論の自然法則観と自由観によるところが大きかったことを示しているといえるであろう。カントにとっては、あくまでも自由 ⇒ 道徳論が思想展開の根幹をなす問題であったのであるが、それが彼の自然法則観と自由観の必然的帰結であったとまでは断定すべきものではないこともいうまでもない。いずれにしても、カントがその自由観に基づく人間主体思想や仮象論などに象徴されるすぐれて厳密な認識批判理論（構成）によって、欧米の多くの知識人に絶大な影響を与えた偉大な哲学者であったことは、改めて指摘するまでもない周知の事実である。

(3) 自然法則論の視界

　こうしたカントの「自然法則と自由」観とは対照的に、スミスは1751年に刊行されたケイムズ（Henry Home, Lord Kames）の『道徳・自然宗教原理論』に従って、『道徳感情論』でも自然の必然法則の貫徹・支配をはっきり承認した上で、それが見えないことから偶然・自由の余地があると考えて、自由に自分の欲求を追求することが、自然法則の作用因（有効化原因）の活動としてデザインの実現につながるという欺瞞的自由論を、見えない手、意図しない帰結の理論などの形で展開していたのであった（［40］163-4）。スミスは、カントとは逆に、人間も自然法則の全面的支配下にあると考えていたのである。すべては自然に任せればよい（let nature alone）という55年文書の「自然」概念の中には人間（の活動）も含まれていたのである。

だが、自由は欺瞞にすぎず、人間も自然法則の作用因に他ならないとすれば、自由な人間的世界像の構築よりも、人間の主体的活動を自然法則の作用因とする自然の必然法則＝その運動の論理の解明が認識の主題になるのも当然であろう。スミスが、自然を人間の主観的認識の対象化したカントとは逆に、作用因としての人間の活動に媒介される自然（の必然）法則＝その運動原理の解明を認識主題とした根本原因は、自然法則と自由の二律背反についてのカントの解釈とは別の見方をしていた点にあったのでないか。

　しかし、それならばなぜスミスも、カントと同じような道徳（感情）論を（『哲学論文集』の認識論を前提していたと思われる）処女作の主題にしたのかが問われることになるであろう。その理由は憶測に頼る他ないが、自由は（自然法則が見えないための）欺瞞にすぎないとしても、本人は自由であると思って行動する以上、カントと同様、自由に伴う責任の問題としての道徳が問題になると考えたためではないかと想定することもできないではないであろう。しかし、問題はそれほど単純ではない。

　スミスが、『道徳感情論』を書いた理由としては、『管見』（[44] 2 - 1 ─ 3）で論及したように、（イ）エディンバラ講義で評判になったレトリック論では人間の社会的結合原理を説明できない点と、本書の第4章の補遺（2）で触れる（ロ）法学の人間主体化の必要があったことがあげられるであろう。以上の二点、とくに第1点が『道徳感情論』執筆の大きな動機をなしていたであろうことはほぼ確かであるといえるであろうが、（イ）（ロ）ではスミスが『道徳感情論』をカントのような道徳原理（探求）論としてではなく、道徳的感情の理論として展開した理由・根拠が分からない。シャフツベリーハチスンの道徳感覚論は、道徳的な感覚が人間本性に内在するとする道徳感覚実在論で、『道徳感情論』の道徳感情論とは原理的にちがう。ヒュームの共感論は、スミスの『道徳感情論』（の共感論）の先駆をなすものであるが、ヒュームの理論は道徳感情の心理学で、スミスの『道徳感情論』とは異質の論理である。スミスの『道徳感情論』は、道徳感情の心理分析論ではなく、道徳的（人間の社会的）感情の運動の論理学であったからである。そうであるとし

第3章 カントの『純粋理性批判』の主題

た場合、なぜスミスは『道徳感情論』を道徳感情の理論として展開したかが問題になるが、その理由は上述の（イ）（ロ）では説明できない。

その謎を解き明かす鍵は Antinomie 問題に関するスミスの自然法則観にあるのでないか。スミスは、上述のように人間を自然法則の作用因（[40] 212-3）と捉えていたため、自然法則の動因としての人間の感情の運動の論理＝その法則性の解明を『道徳感情論』の主題としていたのでないかと考えられる。スミスが『道徳感情論』を道徳感情の理論として展開した最大の理由は、人間を自然法則の作用因として捉えていたため、作用因としての人間の自然の感情の動きの中に道徳原理の形成原理を見出そうとしていた点にあったのでないか。以下、その次第を少しく具体的に考察してみることにしたい。

周知のように、スミスの『道徳感情論』は、シンパシー（Sympathy）論からはじまっている。これは、道徳をめぐる主題についての論及から入る一般の道徳論のテキストとは根本的に違う。こうした導入の仕方は、『道徳感情論』が道徳とは何かをそれ自体として主題とする主語論ではなく、述語分析から主語を解明するアリストテレスの述語⇒主語論の系譜に属するものであることを示しているといえるであろう。スミスが述語分析をシンパシーの概念分析から出発させていることも、『道徳感情論』が「天文学史」の方法に従って、人間相互の社会関係の結合原理として発見されたシンパシー（共感）感情の経験観察を通して道徳とは何かを解き明かそうとしていた次第を示しているといえるであろう。

スミスがそのための述語（感情）分析のツールとしたシンパシーとは、他者と感情を共にすることで、共感または同感と訳されている。同感は、共感の内面主体化論的なニュアンスを含むものであるが、他者と感情を共にする共感感情は、関係の近いものには強いが、薄いものには弱くなる傾向がある。リスボン地震の被害者に共感はするが、手先に傷をつけたら、その方が大問題になる。歓喜の情を生み出すものに共感する側面もある。

しかし、共感は、「人々を相互に愛想よくさせる心地よい feeling（感情）の一致（conformity of feelings, ……which makes persons agreeable to each other）

53

というSODの叙述の示すように、被害者への同情や歓喜への同感などに限られるものではなく、他者と感情を共にすることに伴う心地よい感情である。スミスが共感を人々をつなぐ鎖として捉えたのは、他者へのあわれみの感情が誰にもあるから（だけ）ではなく、共感感情が人々を互いに愛想よくagreeableにする人間関係の結合原理的性格をもっていることに気付いたためではないかと考えられる。だが、他者と感情を共にすることがagreeableであるとすれば、他者と感情を共にしない（できない）ことはagreeableでない（から何とかしなければならない）ということになるであろう。

スミスは、その次第を『道徳感情論』の第二部でケイムズの悔恨（remorse）論（[40] 121f.）を借用する形で、悪行⇒反感（antipathy）⇒ ill desert ⇒後悔⇒正義の自然的形成論として展開している。悪いことをすると、反感（antipathy）を買い、他者と感情を共にすることができないため、ill desert（[26] II. ii. 3. 4, 12. 罪を意識し荒野の人となる）の心境になり、後悔する。そのことが正義感を生み出すとスミスは考えていたのである。こうした論理展開は、スミスが共感の対概念である反感に、社会形成原理としての共感の安定化（stabilizing）機能をみていたことを示すものといえるであろう。歓喜への共感が現状維持に役立つとしていることなども、その例証といえよう。スミスの共感論は、その系論としての反感論を含むものとして、共感（シンパシー）感情が社会的結合・安定化を可能とする次第を論証しようとしたものであったのでないか。

ということは、共感が社会形成原理そのものであったという意味（するもの）ではない。人間世界は、自然法則の作用因としての感情を動因とする作用⇒目的の論理に従って動くもので、共感はその活動を媒介し安定化させる役割を果たすものであるというべきであろう。

『道徳感情論』1－2部は、その次第をさまざまな情念や情動の分析を通して解明し、当事者と観察者をはじめとする人―人間に共感が成立する点に感情や行為の適宜性を認め、それを徳性の本質とするものであったのである。こうしたスミスの論理は、情念を徳性の原理としたフランシス・ハチスンの

『情念論』（[14]）の創見を経験理論化して、情念や情動などの述語の系列をたどっているうちに主語が見えてくる次第を論証したものであったといえよう。

　『道徳感情論』1-2部は、感情分析を通して自然法則の作用因としての感情の動態に徳性の形成を見るものであったのであるが、人間の利己心は共感感情よりもはるかに強烈なので、シンパシー感情が利己心を抑制するブレーカー機能を十分に果せない場合が多い方が現実である。スミスが第3部でシンパシー概念のベースにあった立場の交換概念を意識化した「想像上の立場の交換」に基づく同感論を能動的に展開した理由はそこにある。立場を交換して相手の身になり、enter into his body すれば、俺もお前と所詮は同じかということになるからである。もとより、相手の立場に立ったままでは自分の立場がなくなるので、第三者としての公平な観察者（impartial spectator）と感情を共にする点に倫理と法の原理をみることになったのである。

　『道徳感情論』はこのように神や自然・事物そのもの（の論理）に道徳の原理を求めるものではなく、自然法則の作用因としての人間の感情の動態分析に道徳の原理を見出すものであった。トマス・リードなどがスミスの論理は不安定なものでしかないと批判した理由はそこにある。共感を社会原理とするヒュームの理論は、スミスと共通する面が多く、道徳感情の源泉を共感に求めていた点でもスミスに近いが、ヒュームとも違う。ヒュームの共感論は、スミスのように他者との共感関係そのもののうちに道徳感情の形成を見るものではなく、人間本性の考察を通して効用への共感に道徳感情の起源を見る主語論の系譜に属するものであったのでないか。ヒュームは、動詞論ではなく、名詞論であるとの言語論者の見解（[37] 249 f.）や、人間本性の心理分析論なども、上述の概括を傍証するといえよう。

　スミスは『道徳感情論』の第4部で効用の美について論じているが、効用主義になったことを意味するものではない。手段の美を追求することが目的実現につながる次第を明らかにしたものに他ならない。4-5部は、そのようにして実現される自然的自由のシステムの妥当・貫徹を妨げる効用・慣行

55

批判をしたものである。『道徳感情論』と『国富論』を結ぶ線はここにあるが、自然法則の作用因としての人間の感情の動きの自然法則性（感情⇒道徳原理形成⇒自然的自由の体系の貫徹）論証を主題にしていたスミスにとっては当然のことであったのでないだろうか。

『道徳感情論』は、一般に道徳論、倫理学と解されているが、スミスが倫理問題に正面から取り組んだのは、1790年の第6版で、1759年の初版の主題はシンパシー概念を媒体とする人間の自然の感情の動きの中から道徳の原理としての適宜性と法の原理としての正義の観念が生まれてくる次第を論証することを通して、倫理と法の原理を解き明かそうとした点にあったのである。

4）自然の必然法則認識論の展開

スミスは、ヒュームと違った形で「道徳感情の起源を共感から説明しようと試み」（[26] Ⅶ, ⅲ. 3. 17）たのであるが、感情論がスミスの思想体系全体の核心をなしていること自体は周知の事実である。「天文学史」の wonder ⇒ imagination ⇒ 中項発見論が感情（の運動）論であることは第2章の2節でふれた通りである。『国富論』が利己心＝欲求＝性向＝願望などの感情原理をベースにしたものであったことも改めて指摘するまでもないであろう。スミスが『道徳感情論』を大幅改訂・増補したのも、こうした感情の運動論では済まない問題があることを気付いたためでもあったのでないか。問題は、こうした感情論的思想展開が人間自体を作用因とするスミスの自然法則観に根ざす次第が原理的に認識されていなかった点にある。その次第を確認すれば、スミスが自然的自由のシステムの普遍的妥当性を絶対視していた謎も理解しうることであろう。

しかし、こうした自然法則の動因としての感情の運動の論理は、無媒介に認識できるものではない。感情の動きを知る一つの手掛かりとして、心理分析や内観による idea 形成論が活用されるのは当然である。バークリやヒュー

第3章　カントの『純粋理性批判』の主題

ムがすべての感情を内部感覚化していたのも、そのためであったといえるであろう。スミスも『道徳感情論』で心理分析を多用していることは周知の通りである。『道徳感情論』の心理学的解釈の根拠はそこにある。心理分析が感情の動きを推測する有力な手段であることは確かである。

　問題は、感情が心理とちがって、人間の利己心や利他心、欲求や（交換・説得）性向、自己改善願望などと同様に人間の自然の性向に基づくもので、心理分析だけで経験的に論証されうるものではない点にある。心理分析が感情の動態を理解する強力な手掛かりをなすことは確かでも、感情は人間的自然（Human Nature）の運動の論理に基づくものとして解明さるべき事柄で、心理学に還元できる問題ではないからである。心理分析を通して経験論証しても、ideaの底にあるphysicalな感情（そのもの）の運動の論理は解明できるものではないのである。カントが、ヒュームのidea経験論を克服する論理を認識主観原理としての理念に求めたのも、そのためであったということもできるであろう。

　スミスは、（カントとは逆に）アリストテレスに従って「述語の系列」の経験観察を通して浮上してきた「中項の系列」をたどってヒュームが中項化した共感（sympathy）感情が、人間の社会感情の根幹をなしていることを知り、それを原理として経験観察の結果を体系化することによって、人間の自然の感情原理に基づく倫理と法の原理論を『道徳感情論』で展開したのである。スミスは、第2章の2節で論及したように、人間の自然の感情を動因とする自然の必然法則＝その動因としての感情の運動の論理の認識を（天文学の歴史の考察に基づく）wonder ⇒ imagination ⇒ 中項発見に求めていたのである。こうしたスミスの論理が心理分析に基づく経験論証だけではideaの底にある事物そのもの（感情の運動の論理）は認識できないとの自覚に基づくものであったことは明らかである。しかし、wonder-imagination原理に従って中項の系列をたどっていけば、いつかは無中項を発見し、それに基づいて大項（全体的なもの、それに体現される普遍の原理、ideaの底にあるもの）を解明できるというのも、いささか空想的である。『哲学論文集』の編者たちが、「天

57

文学史」は形而上学であり、その認識論は wildest guesses（でたらめ極まる憶測）でしかないと断定したのも無理からぬように思われる。

しかし、事物そのもの、その本質、感情の運動の論理は、事物との実践的接触を繰り返し、生活を共にしているうちに見えてくるもので、認識対象として眺めているだけで分かるものではない。新奇な現象に出会ったとき、それを既知のものと結びつける鎖を imagination 原理に基づいて探求していけば、というスミスの論理は、必ずしも空想ではないのである。事物そのもの、その本質は invisible だから見えないというのは、視覚の論理で、別著（[44] 1 部 3 章）で論及したように触覚の論理で現地人と生活を共にしていけば、現地人の本当の気持ちが分かることは、今日の人類学の教える通りである。

実践（対象との実践的接触）は、必ずしも非論理、無媒介なものではない。「述語の系列」の経験観察に基づく「中項の系列」をたどる形で対象との接触を重ねているうちに事物そのものの Wesen（本質）が見えてくることは、巨匠といわれる人たちの生き方の示す通りである。invisible なものは見えないというのは、視覚の論理のためで、実践のもつ触覚論的意義を知らぬものといわざるをえないのでないか。スミスが、実践論者であったかどうか、触の論理を実践していたかどうかは、もとより知るべくもないが、『アダム・スミスの認識論管見』で論証したように、バークリーヒューム的な視覚＝内感論に対して「外部感覚論」を展開し、『道徳感情論』で立場の交換論をベースにした議論をしていたことから、少なくとも理論的には実践論者であったといえるのではないであろうか。

スミスがアリストテレスから借用した「中項の系列」論も、単なる系列論ではなく、imagination 原理に基づいて中項の系列をたどっているうちに大項（普遍）認識が可能になることを示す実践的な認識方法原理論的性格をもっていた次第が注意される要があるのでないであろうか。

事物そのものの認識を意図したスミスが実践的な中項論を展開したのに対し、自然を認識の対象化したカントに中項論や事物そのものの解明のための実践的視点がないのも、両者の認識論の前提をなす「自然法則と自由」の問

第3章　カントの『純粋理性批判』の主題

題にかかわる両者の見解の差異にあったことは、明白であるといえよう。カントとスミスは共にヒュームの懐疑主義の揚棄による経験論の完成（原理・体系化）を主題にしながら、止揚の仕方が対極的であったのも、そのためであったのである。カントは主観的観点による純粋経験論の完成、スミスは中項原理に基づく実践的経験論の展開をしたものであったと総括することができるであろう。

●注

1）カントは、本文で論究したように、ヒュームのidea論が主観的な観点を前提している事実に（無自覚であった次第に）対する認識批判から、思い浮かべただけの感性的表象をア・プリオリなカテゴリーに分類・整序し、悟性概念化した上で、その体系化原理を理念に求めていたのであった。カントは、その一方で、「感官・構想力・統覚」（[18]下148, 162）が認識の主観的源泉である次第を明言し、すべての認識はカテゴリーによって規定された主観の産物であるとしているが、体系化の原理をなす理念も、（理性化された）観点であることは明らかであるといえるであろう。

　こうしたカントの論理は、認識が認識主体の知覚に基づく対象叙述（を主題とするもの）である限り、認識主体の何らかの観点（認識主観）を前提する次第の自覚に基づく認識批判の帰結で、何ら論理矛盾ではないことはいうまでもない。マックス・ウェーバー的にいえば、自らの認識（像）が（認識主体の）観点を前提している次第を自覚することが認識の客観性を担保することになるという論理であるといえるであろう。カントの『純粋理性批判』は、こうした主観主義の論理で、ヒュームが断念していた個別の経験観察の結果の体系化を可能とする認識論の構築を主題としたものであったのである。それに対して、スミスの「天文学史」は、ヒュームのidea論を前提しながら、諸事象（についてのideas）を結合するchain（鎖）を発見し、それを原理として個別の諸事象を体系的に叙述することで、個別を超える「全体的なもの」の認識を意図したものであった。

　こうしたスミスの論理は、ヒュームと同様にidea論の認識論的前提に無自覚であるばかりでなく、ヒュームが意識的に拒否していた経験⇒普遍のアンチノミーにも無批判であったかにみえる。しかし、スミスは、自然の（諸現象の）

結合原理として想定された中項が事物そのものの運動と合致しなくとも、中項の系列をたどっていけば、早晩事物そのものの結合原理が発見され、全体像の認識が可能になると考えていたのであった。こうしたスミスの論理は、カントのように対象についての主観的な観念（認識）像の構築を主題とするものではなく、事物そのもの、その運動の論理を（諸事象に共通する chain の探求・発見を連鎖的にたどることを通して）明らかにすることを主題とする実在論的客観認識論の構築を意図したものといえよう。

スミスの論理は、カントの主観主義（的概念構成論）とは対極的な、事物そのものの運動の論理それ自体の認識を主題とする、実在論的な客観主義の認識論であったのである。ヒュームースミスーカントの三者関係は、ヒュームを原点（頂点）とし、スミスとカントをその左右両極とする三角形的関係にあったのであり、スミスとカントは、ヒュームの経験一元論の体系化を主題にしていた点では共通しながらも、ヒューム経験論の客観主義的揚棄論と主観主義的揚棄論という両極的（対立）関係にあったということになるのではないであろうか。

カントに中項論がないのも、カテゴリー論によって悟性概念化された感性的表象をベースにする経験観察の帰結の統一・体系化原理を理念に求めていたためで、理念を原理として経験観察の帰結を統一的に説明すれば、経験主義の基本を守りながら経験の体系化ができるからである。こうしたカントの論理が認識主観原理に基づくヒュームの経験一元論の主観主義的揚棄論であることは明白である。それに対して、スミスは、諸事象（諸現象）に共通する中項（中間的諸事象、社会事象の場合には共通観念）を発見し、それを原理として諸事象の観察結果を体系化したのであった。こうしたスミスの認識論は、中項を挿入することによって天体の運動や人間の活動の経験観察の帰結の中項原理に基づく体系化の原理を事物そのものに求める客観主義の論理であることは明らかといえるであろう。

スミスも、星野彰男の指摘するように、質・量などのカテゴリー論でカントと同様の、カントに通じる論理を（カントもスミスと同じようにアリストテレスその他の古典の Kategorie 論をベースにしていたためかどうかは別にして）展開しながらも、ヒューム経験論の揚棄の仕方は対極的であったのである。そうした差異は次章の第 1 節でふれるように、「経験」そのものの受け止め方にも示されているといえるであろう。

第4章
スミス経験論の自然主義的構造

1) idea 論の経験性とその前提概念

　ヒュームの認識論、その根幹をなす idea 論は、認識論的弱点をはらむものであった。彼が idea 論の前提にした視覚も、(スミスが「外部感覚論」の中で論及していたように、)自然が視覚に賦与した遠近法などのお陰で誰もが同じような視覚像を構成しうるので、それなりの客観性をもちうるとしても、対象の見方や、それに伴う印象、さらにはそれに基づいた観念形成には個人差があり、(A 氏と B 氏とでは同じ対象に接しても形成される観念は必ずしも同じではなく) 客観性がないことは否定しえないであろう。idea (観念) 形成は、単純観念にしても認識主体の知的な作業を伴うものであるだけに、主観性を免れないことは明らかである。

　カントの『純粋理性批判』がこうしたヒュームの idea 論、それを根幹とするヒュームの経験一元論の難点を克服するための論理展開であったことは、前章でみた通りである。しかし、ロック−バークリ−ヒュームに代表されるイギリスの古典経験論は、こうした idea 論そのものの前提 (難点) にとくに注意を払うことなく、経験観察に基づく多様な ideas の形成・分析による個別の事象の経験認識を主題とし、観察結果 (悟性概念化された経験観察の帰結) を普遍化したり必然化したりせず、(逆に、普遍的な概念はすべて個別

の諸事象の経験観察の結果を抽象したものにすぎないとすることによって）、形成された idea の連合による事象の分析・叙述に満足していたのであった。ロックの『人間知性論』は、ideas の辞書 dictionary の作成を意図したものであったといわれる所以もそこにある。

　しかし、イギリス経験論がこうした性格をもっていたことは、idea 論の客観性にノーチェックであったことを必ずしも意味しない。idea の連合によって構成された認識像が事象の現実の動きと合致しないときには、その認識像は（徐々に）無視・忘却されるようになり、より実態に即した新しい知覚像に取って代わられることになるので、idea 連合に基づく認識の客観性は事物（現実）によってそれなりに担保されているということができるからである。イギリス経験論の特色（経験論たる所以）は、視覚や触覚によって perceive or conceive した事物について形成される印象（impression）に基づく多様な ideas をそのまま前提した上で現実の経験から学ぶ点にあり、その妥当性は現実との適合性によって自ずから決定されるとするものであるからである。

　こうした認識方法論が、認識原理論としては弱点をはらむことは明らかであろう。しかし、idea 論とは逆に、カントのようにア・プリオリなカテゴリーに基づく概念構成によって、経験認識の普遍性や必然性を担保しようとするとき、現実の多様な、時には例外的な事象のはらむ生の現実の経験そのものから学ぶ経験論の現実との緊張関係は、どこかへ消え去って（fade away）しまうのではないであろうか。こうした idea 論とカテゴリー論との経験性の違いは、カテゴリー論に基づいて分類・整序された悟性経験概念には、中項形成の素材となる個別の諸事象（それについての諸観念）に共通する要素はなく、共通点の探求を必要とする根拠もない点にも明確に示されているといえるであろう。

　スミスは、ロックやヒュームと同様、idea 論の前提に特に注意を払うことなく、idea 論を前提（した議論を展開）していたのであるが、idea 連合論の無原理・非体系性を克服するため、既述のように中項の挿入による経験観察の結果の原理化―体系化を主題にしていたのであった。このスミスの理論は、

一見、理念を原理として悟性経験概念を体系化したカントに近いかにみえる。しかし、スミスの主題は、個別の諸事象（についての ideas）に共通する中項を発見し、それを原理とする個別の諸事象の体系的叙述による「全体的なもの」の経験論証にあり、カントのような理念に基づく悟性経験概念の体系理論化論とは原理的に異なることは明白である。

　スミスの主題は、個別を超える普遍の原理（自然の目的など）のそれ自体としての認識ではなく、個別に内在する普遍の原理の（個別の諸事象の経験分析による）経験論証にあったのである。その次第は『管見』（［44］Ⅳ—3）で論述したように、スミスが『国富論』で目に見える（経験的に論証できる）人間の自然の欲求や性向・願望に基づく自己の目的追及活動が自然に自然のシステム（や自然の目的）実現につながる次第を論証していた事実のうちに、端的に示されているといえるであろう。スミスは、自然の目的（自然の原理の客観的合目的性）論証を、経験的に確認できる自然の operations in human affairs（［28］322）の経験観察を通して行い、その帰結を中項論によって、原理⇒体系化することを主題にしていたのである。

2）概念実在論と中項論

　こうしたスミスの認識論、事物認識の方法論は、普遍の原理それ自体の形而上学的な認識論ではなく、個別の諸事象の経験観察に基づくものであるので、ヒュームと同様の経験論であり、スミスもホッブズやヒュームと同じノミナリスト（nominalist 唯名論者）であった、という解釈が支配的な見解になっているのも当然である。しかし、スミスをホッブズやヒュームと同じノミナリストと規定することにはかなり大きな問題がある次第が注意される要がある。

　個別を超える普遍の原理（の存在・その認識可能性）を否定するノミナリズム（nominalism 唯名論）は、神の voluntary な意志を法の原理とした主意主義（voluntarism）に照応して登場した思想であった。伝統的自然法観を逆転

させて、自然権（jus）を自然法（lex）の原理とし、国家は人工物（artifact）（にすぎない）としたホッブズの社会哲学は、ノミナリズム（唯名論）の論理の典型的表現であったのである[注1]。

しかし、ホッブズは以上のような次第を個人の生存権原理から論理的に導出する論証科学（demonstrative science）として展開しただけで、経験観察に基づく理論ではなかったのであった。そうしたホッブズの限界を突き破って、個々人の個別的な観察経験に基づくideasを認識の原理とする経験一元論を展開し、普遍は個別のideasに共通する抽象観念に他ならないとしたのがヒュームであった[注2]。

ノミナリズム（唯名論）はヒュームによって認識論的に基礎づけられ、具体化されたということができるであろう。スミスがヒュームの『人間本性論』に傾倒したのも当然である。「天文学史」の認識論は、ヒュームをベースにしながら、ヒュームの経験一元論の限界を克服するため、個別の諸事象（についてのideas）に共通する中項を発見し、それを原理として個別のideasを体系化することによって「全体的なもの」としての天界の諸現象の結合原理の解明・論証を意図したものであったのである。この理論は、全体（普遍原理）⇒個物ではなく、個をベースにするもので、全体（普遍）を個から導いている点で、見方によってはホッブズ⇒ヒューム以来のノミナリズム（唯名論）の完成であるかにみえる。しかし、ノミナリズムではない。

ノミナリズムは（普遍的な）概念を個別の諸現象（個物）の共通項の抽象的表現に他ならないとすることによって、普遍概念を個体に還元する普遍解体論（とでもいうべきもの）であった。ヒュームの経験一元論は、ノミナリズムの原理に基づく認識論のいわば必然的帰結であったのである。ヒュームには、観念連合の強化方法としての中項的用法はあっても、アリストテレスやスミスのように個別の経験から普遍的な全体認識を導くための中項論がないのは当然であったといえるであろう。それに対し、アリストテレス－スミスの中項論は、普遍の否定＝解体論ではなく、"普遍は個体に内在する"という普遍＝個体内在論に基づいて、個別に内在する普遍の原理を解明するた

第4章　スミス経験論の自然主義的構造

めに個別の諸現象の経験分析を通してその共通項を発見し、それを原理とする「全体的なもの」＝普遍の経験論証を意図したものであった。この論理が、普遍概念を個別に還元する唯名論とちがって、（普遍の実在を前提した上でその経験論証を意図する）普遍的な概念が実在すると考える概念実在論であることは明白である。名目論は概念解体論なので、中項は必要としないが、（個別を超える）普遍的な原理や概念の実在を認めながら、プラトンのように概念（イデア）が個別に先在すると考えず、さりとて、個別の経験はいくら積み重ねても普遍には至りえないため、個別の経験に即しながら、普遍の原理を導くためには、何らかの媒介概念が必要になる。それが中項論で、その論理・方法を具体的に展開したのがアリストテレスであり、アダム・スミスであったのである。

スミスがホッブズーヒュームのノミナリズムの原理に従って個別の諸事象の経験観察に基づくidea論をベースにした論理を展開しながら、ヒュームとちがって諸現象を結びつける中項を発見することによって、諸事象の原理に基づく理論体系化を可能とする論理を展開していたのはそのためであった。スミスがヒュームの路線を継承しながら、ヒュームとちがって経済学の創始者となりえた一つの理由はここにあるといえるであろう。

しかし、スミスの理論は、原理に基づく経験の体系化論の展開を主題とするものであるため、探求の主題が個別の事象に共通する普遍の原理論証に収斂しやすいことも自然の成りゆきである。例外的事象や特異現象に潜む真実は見逃されやすいだけでなく、経験分析自体も、必ずしも十分に行われないままに終わるケースが出てくることも避けがたい面があったといえるであろう。スミスには（市場）価格論がないと多くの論者に批判される一つの背景はそこにある。スミスも、もとより古今東西の諸事象（histories）の徹底した例証・叙述をしており、その点が『国富論』の最大の魅力と特色の一つをなしていることは改めて指摘するまでもないが、ヒュームの叙述と対比した場合、ヒュームのほうがより現実的・経験的であるとの印象を受ける場合が多いことも事実である。その理由は原理論化や体系構成を意識的に避けてい

たヒュームと、原理⇒体系化論を推し進めたスミスとの方法の差異による面が大きいといえるであろう。ヒューム-スミス-カントの三者関係におけるヒュームの最大のメリットがここにあることは明白である。

3）スミス理論の概念実在論的性格

普遍概念の経験的認識論としてのスミス経験論のより本質的な問題点は、（中項原理に基づいて体系化された）「全体的なもの」の経験論証の帰結を自然の（事物の）運動それ自体（その認識）と同一視することによって、自然の運動法則に従うべきであるとしている点にある。スミスは、中項原理に基づく「全体的なもの」の経験論証を通して、経験的に確証できる個々人の自由な活動が種の保存と社会の利益実現に通じる自然のシステムの全体像を構築することによって、その実現を妨げる制度や慣行のゾルレン的な批判原理を経験論証の帰結に求めていたのである。『国富論』の第3-4編が、1-2編で理論的に論証された自然的自由の体系の実現を妨げる慣行—制度批判となっている一つの根拠はそこにある。スミスが、『国富論』で自然的自由の原理は、障害があっても失政があっても貫徹するとしていたのも、中項原理に媒介された経験論証に基づく実在認識論であったためであることは明らかである。（[41]下 25 f.）

スミスは、中項原理に基づく概念の経験論証の帰結を実在そのものの表現と捉えていたため、経験的に論証された自然的自由の体系原理に反する制度や慣行を自然のシステムそのものの侵害として厳しく断罪したのである。自然的自由のシステムに反する制度や慣行批判の厳しさ、その断定的表現に迫力がある理由もそこにあるといえるであろう。しかし、経験論証の帰結を実在そのものの運動原理と同一視し、それを根拠に（それに反する）現状を批判するのは、認識論的にはヒュームが厳しく批判した Sein = Sollen、is = ought 論である。自然的自由の原理は失政や障害があっても貫徹するというのは、経験的には確証できない信念論であるといわれる根拠はそこにある。

第4章　スミス経験論の自然主義的構造

スミスの理論（論理展開）にみられるゾルレン論的な側面は、暗喩 metaphor でなければ神学的信念 belief に基づくもので、認識論的には到底容認できるものではないので、これをカットして、経験的に確認できるものだけを主題にする経験主義の原理に従ってその妥当性を考察していけばよいというのが、内外のスミス研究の支配的な趨勢になっているのも至極当然であるといえるであろう。しかし、多少なりとヒュームの認識批判を踏まえた論理を展開していたスミスが、『国富論』の論理展開の中に経験主義とは全く相容れない形而上学的 metaphysical な信念論を挿入していたと想定するのは、スミス解釈としては安易すぎるのではないであろうか。

　スミスが、それなりの根拠もなしに経験分析の帰結をゾルレン視し、その遵守を要請していたのではないとしたら、その理由は何であるかが問題になるが、その理由は彼がアリストテレスと同じ概念実在論者であったためでないか。スミスが中項論の導入による自然そのものの結合原理の探求を意図していたことも、彼がアリストテレスと同じ概念実在論者であったことを示しているが、スミスは概念を実在そのものの観念的表現と考えていたため、概念の経験論証の帰結に反する制度や慣行を自然のシステムそのものの侵害として厳しく批判したのである。スミスが経験的に論証した自然的自由の体系の普遍的妥当論を展開し、自然のシステムは失政や障害があっても貫徹するとしたのは、そのためである[注3]。そう考える方が、スミスの論理、問題意識に即しているのではないであろうか。

4）スミスにおける自然主義の地平と想源

(1) 自然主義の地平

　自然のシステムそのものの実在を想定するこうしたスミスの自然観の表現としては、何よりも第一に 55 年文書が注目される。スミスはそこで「計画家は人間的事象における自然の作用の道筋を混乱させる（disturb nature in the course of the operations in human affairs）。自然が自らの意図（her own designs）を

確立できるように自然を放任し（let her alone）、自然［自体］にその目的を憚ることなく行わせれば足りる」。「国家を最低の野蛮状態から最高度の富裕に導くためには、平和、軽い税と司法（正義）の寛大な執行のほかには……事物の自然の経過によってもたらされる」から一切の介入は必要ない。（［32］322.tr.78）という趣旨のことを語っている。この文が人事における自然のoperation を承認し、自然だけに任せて（let her alone）自然が自らの目的を追求するようにすれば、富裕は「事物の自然の歩み」（natural course of things）によって実現されるから、介入は必要ないという思想の表現であることはいうまでもない。この章句は、一般に自由放任思想の表現とされているが、自由放任論の表明というより、人事（人間界）おいても自然の原理は貫徹しているので、自然に任せておけば、自然に（意図せずとも）自然の意図が実現されるので政府 government（や人間）が余計なことをする必要はないという、自然一元論的自然主義の表現である次第が注意される要がある。スミスは、人間が人間本性（human nature）の原理に従って行動すれば自然に（意図せずとも）自然の意図した目的が実現されるという、作用⇒目的の論理が貫徹するから、自然にすべて任せれば（let her［nature］alone すれば）よいという自然一元論的自然主義の原理を展開していたのである。55 年文書は抽象的であるだけに、逆に、スミスの自然主義の根本原理を明確に示しているということもできるであろう。

　55 年文書より前に書かれた（と想定される）『哲学論文集』でも、「自然の意図」や「自然の目的」（［28］168、50、［44］97）などの自然関連用語が多用されているだけでなく、「外部感覚論」では人間も他の生物と同様、触覚を根幹とする外部感覚主体である事実がクローズアップされている次第が注意される要がある。『道徳感情論』でも、自然の必然法則の妥当・貫徹が前提され、作用⇒目的論を肯定する論理が展開されている。ケイムズが『道徳・自然宗教原理論』（［17］）で展開したように、自然の必然法則が見えないために、人間には偶然・自由の余地があると考えて行動する人間の自由な行動が自然の意図した目的（自然の必然法則）実現につながるという作用⇒

第4章　スミス経験論の自然主義的構造

目的論は、ケイムズやカントの「世界市民的視点からみた一般史の理念」[21]などにもみられる当時の思想の共通認識であったのであるが、作用⇒目的論が自然一元論的自然主義の論理の典型的表現であることは明白である。『道徳感情論』の独自性は、人間も他の生物と同じ外部感覚主体である次第を明らかにした「外部感覚論」の論理に従って、私とは大なり小なり「対立」的な「敵対関係」にある存在（カント「世界市民的視点からみた一般史の理念」第4命題）としての「他者認識」を導くとともに、そうした他者感覚から逆に他者との共感・交通原理としてのシンパシー（共感感情）が生まれると考え、それを「想像上の立場の交換に基づく同感」論によって対自化する点に倫理・法の原理を導いた点にある[注4]。

　スミスが『道徳感情論』の第2部で、悪いことをすると、周りの人々がひそかに指弾していることを感じて、自然に悔恨の情（remorse）に駆られる点に正義（感）の出自を見て、それを第3部で想像上の立場の交換論によって正義の原理化していたことも（[41]上、107）、『道徳感情論』の論理が理性や効用判断などのような知覚の論理をベースにしたものではなく、日常生活者相互間の自然の感情の論理である次第を示しているといえるであろう。スミスの『道徳感情論』がこうした人間の自然の感情原理であるシンパシー原理に基づく"人―人"関係の体系的叙述であることは明白である。

　『国富論』は、生物としての人間の自然の欲求や、他者を説得・支配しようという性向や自己の生活改善願望を充足させるための労働＝分業＝交換関係における自己の目的追求活動が、市場（における競争関係）に媒介されることによって自然に最適価格の実現につながり、全般的富裕の達成を可能にする次第の経済学的論証を主題としたものであった。『国富論』は、セルフ・インタレストに基づく個々人の自由な自己の目的追求活動が、見えない手に導かれて自然に全般的富裕の実現に至るという、自然的自由のシステムの経験論証を意図したものであったのである。ジェイムズ・アルヴィ的にいえば、『国富論』は、"teleology immanent in human nature and commerce"（[2] 31）の経験論証をしたものであったのである。すぐれて経験的な『国富論』の論理展

開が、一見『国富論』の自然主義的 pre-conception 前提概念とは関係ないように思われる一つの背景はここにあるが、『国富論』はその自然主義的 pre-conception と関係のない楽観的な経験理論であったのではない。人間の自然（に基づく自己）の欲求・説得・交換性向・（生活改善）願望追求活動が全体としての富裕の実現という個々の経済主体の意図しない「自然の目的」（作用⇒目的）実現につながる次第の経験論証を主題とするものであったのである。

『道徳感情論』と『国富論』の主題は、こうした人間の自由な自己の目的追求関係からなる社会現象や経済現象に共通する原理を発見した上で、それに基づくより普遍的な「全体的なもの」の経験論証をする点にあったのであるといえるであろう。『道徳感情論』が「人間とは何か」、「道徳とは何か」というような主語分析（叙述）から説き始めないで、シンパシー感情の説明から始め、それを原理にして人間の道徳感情分析をしたのは、既述のような「天文学史」の認識論（その根幹にある自然主義の論理）に基づくものであったのである[注5]。『国富論』の場合は、『道徳感情論』のように中項原理が単純明白（共感原理一本）ではないので、『国富論』の論理展開に即して内在的に論証しなければならないが、簡単に言及すれば、次のようにいえるであろう。

『国富論』は、周知のように、労働・分業についての叙述から説き始められているが、労働は人間の生存の根本原理であるので、労働が万人に共通するもっとも普遍的な中項⇒原理をなすことはいうまでもない。スミスの偉大さは、商品や貨幣ではなく、労働こそが富裕の源泉である次第を明らかにすることを通して、労働を経済関係の根本原理として措定した点にあるが、労働だけでは経済関係は成立しないことも明らかである。家庭内における労働の分割から始まった分業は、諸個人間の労働生産物の交換関係の成立・展開と比例的に発展し、農耕社会の商業社会化を導き、商品・貨幣関係がその媒体としての役割を果たすようになったことは、改めて指摘するまでもない周知の事実である。その限り、分業＝交換、商品・貨幣関係が、それぞれ"人

第4章　スミス経験論の自然主義的構造

一人"相互間の経済関係を解き明かす中項的⇒原理的機能を果たしていることは明らかである。しかし、分業・交換・商品・貨幣関係は、それぞれが独立して成立しているものではない。分業＝交換、商品─貨幣関係が経済関係の基底原理として成立するのは、各労働主体が自分の労働生産物に価値（値打ち）を認めるとともに、他人の労働生産物にも、自分の欲求を満たす価値を認めて交換したい（それが欲しい）と思うからであり、分業・交換関係を根幹とする経済関係の成立が、価値（の交換）関係を前提（根幹に）していることは明らかである。

スミスは、労働・分業・交換・商品・貨幣という「中項の系列」をたどって、「価値」が（これ以上は中項がない）「無中項」であることに気付くとともに、価値の内実が貨幣でも商品でもなく、労働である次第を認識したため、労働価値論を経済関係の根本原理とする経済理論体系を展開することになったのでないか[注6]。

こうした『道徳感情論』や『国富論』の論理展開は、"人間とは何か、経済とは何か"を正面から問う（ことから説き始める）論法ではなく、「普遍の原理（全体的なもの）そのものは経験的には論証しえない」ことをはっきり承認した上で、個別の諸現象に共通する中項を発見し、それを原理として経験的に観察した個別の諸現象を理論体系化することによって、個別に内在しながら個別を超える、より普遍的な「全体的なもの」が「何であるか」（すなわち、"人間とは何か、経済とは何か"）を明らかにしようとしたものであったといえるであろう。こうした接近方法がアリストテレスの方法をベースにするスミスの（『哲学論文集』の）方法に立脚するものであった次第はすでにみた通りである。

こうした『道徳感情論』や『国富論』の論理構成それ自体も、スミスの理論がすぐれて自然一元論的自然主義の原理に立脚している次第を明示しているといえるであろう。理性主義やutility論は、自然の諸現象に共通する中項を発見することを通して主語の経験論証をする自然一元論的な述語⇒主語論ではなく、主語の論理で経験観察の結果を分類・整理し、自然の欠陥是正を

主とすることになるからである。ジェイムズ・ステュアートとスミス、ヒュームとスミスとの論理展開様式の根本的差異の一つの原因もここにあるといえるであろう。スミスは、ステュアートやヒュームとはちがって、文字通り自然一元論的自然観を前提した論理を展開していたのである。

(2) 自然主義の想源

こうした自然主義的自然観の根幹をなす自然一元論的自然主義の想源としては、㈠神学的なデザイン論、㈡古典の宇宙論、㈢自然の経済論、㈣生物学・生態学、の4つの系譜が考えられる。

スミスが『道徳感情論』や『国富論』でデザイン（の存在）を想定した議論（論理）を展開していることは、それなりに承認されている事実であるといえよう。スミスのデザイン論を偽装とみるか、スミスの論理の核心とみるかは見解の分かれる点であるが、ケイムズが『道徳・自然宗教原理論』で展開していたカルヴァン主義の予定説（の教説）を前提した欺瞞の摂理論を借用した論理をスミスが『道徳感情論』の根幹においていることは、彼がデザイン論をそれなりに前提した論理を展開していたことの一つの証左をなすといえるであろう。ホーコンセンが「啓蒙の道徳哲学の主流を形成し、道徳とその制度への科学的接近の基盤をなした」という「Teleological or Providential Naturalism」（[11] 61）という表現には、ホーコンセン自身が意識していたかどうかは別にして、デザイン論が作用⇒目的の論理に従うエコロジカルな自然認識をそれなりに踏まえたものであったことを示しているといえるであろう[注7]。

第2の宇宙の原理（論）についてのスミスの見解は、「古代物理学史」に示されている通りであるが、天界・下界のすべての事象は種の保存に収斂されていくという宇宙論には、生物学的な自然認識に基づくエコロジカルな宇宙観につながる契機も含まれているのではないかと考えられる。クリーアのcosmic harmony論（[21]）なども、こうした認識に基づくものであるといえるであろう。

第4章　スミス経験論の自然主義的構造

　第3の「自然の経済」（Oeconomia Naturae、Naturhaushalt）論は、18世紀頃まで残存していた古代・中世思想が前提していた自然観で、弱肉強食の生存競争を通して食物循環が成立し、万物が無駄なく配分・消費されるという論理である。自然には無駄がないというアリストテレス（[4]178）やスミス（[28]163）にもみられる思想であるが、こうした自然観も生物学的な世界認識に基づくものといえよう(注8)。

　であるとすると、㈢の生物学関心（＝その表現としての「外部感覚論」）がスミスの自然観に最も大きな影響を与えていたのではないかとの想定が可能になるが、いずれにしても、スミスの自然一元論的自然主義は、スミスの生物学的な自然研究に依拠する面が最も大きいといえるであろう。リンネやビュフォン、ドバントン、レオミュールなどの作品への言及などにみられるスミスの生物学や自然誌への関心については（[44]140−1）、内外の研究の示す通りであるが、スミスが「母なる大地」である農村の美しさを賛美し、都市はスペシャリストとしての人間の可能性や能力を拡大し、富と知識を増大するが、農村はジェネラリストとしての人間形成に不可欠であるとしていることは周知の通りであるといえよう。

　こうしたスミスの自然関心、自然研究の成果を反映した作品としてのスミスの「外部感覚論」そのものについては、『管見』の第3章で論究した通りであるが、スミスの自然主義の生物学的性格は、アリストテレスの五感論と対比するとき、その斬新性がより明確に認識されることであろう。

　スミスは、『管見』で詳説したように、『哲学論文集』の第4論文でバークリの『視覚新論』とその論理を継承したヒュームの視覚中心論と異なる触覚論中心の外部感覚論を展開している。スミスがそこで展開した外部感覚論は、スミス自身の自然研究と18世紀中葉の触覚論（を中心にした生物学）研究の動向を反映したものであったが、スミスに大きな影響を与えたアリストテレスも、すぐれてbiologicalな生物学的な論理を展開していたことは周知の通りである。しかし、アリストテレスの感覚論とスミスの「外部感覚論」との間には微妙な差異がある次第が注意される要がある。

アリストテレスは、動物学的研究の冒頭に置かれた『心について』で、感覚論を中心にした議論を展開しているが、視・聴・嗅の3つの感覚は、前に触れたように「中間媒体をとおして感覚される」（[4] 189）としている。中間媒体論が視・聴・嗅の感覚論の中心主題をなしているのはそのためであるが、これらの感覚を持たない動物はいろいろいるのに対し、「動物は触覚がなくては存在することができない」（[4] 190）として、触覚が生存維持に不可欠な生命感覚であるだけでなく、「触覚なしには、他の感覚を持つことはありえない」（[4] 192）次第を強調している。触覚も、もとより、対象が「肉の上に置かれる」ことから生まれる感覚である限り、「肉が触覚の中間媒体である」（[4] 129）といえるが、アリストテレスは、こうした形で触覚が肉体＝身体（[4] 126）に媒介されて成立する生命感覚である次第を明らかにすることによって、人間も動物である次第を論証しようとしたのであるということができるであろう。後世の触覚本源論がこうしたアリストテレスの触覚論を想源の一つにしているのは当然である。

　問題は、アリストテレスがすべての「感覚は、感覚器官の内部に生じる」（[4] 145）ものであり、「触覚の感覚器官は内部にある」（[4] 129）としているだけで、スミスのように触覚を他の動物と同じような外部感覚として捉えていない点にある。これは、一見（人間も他の動物と同じ生物とみる）生物学的な議論を展開していたアリストテレスの論理としては不可解にみえるが、その理由は人間と動物とのちがい＝人間の人間たる所以＝人間の本質を思惟に求め、その手段を（感覚機能の）内観にみていたためではないかと考えられる。アリストテレスが、感覚論を理性論につなぐ契機を（感覚をベースにしながらも、感覚とは異なる）ファンタシア phantasia（想像力的心的表象）に求めていたことも、この事実に照応するといえよう。視覚についても、『心について』では、色が光を中間媒体にして成立する次第が論じられているだけで、視覚に触・聴・嗅・味の生物学的感覚と異なる感覚的事物認識につながる特別な地位が与えられていない事実にも注意する要がある。アリストテレスは、事物の経験認識の契機を感覚に求めたものの、触覚の根源性を指摘

するだけで、『心について』では感覚に基づく経験的事物認識の論理を未だ展開していなかったのである。

バークリーヒュームの近代性・特色は、触＞視覚関係を逆転させ、視覚の（感覚に基づく）経験的事物認識の原理化を進めて、（生命感覚としての）触覚を視覚の対象化した点にあったのである。

それに対するスミスの「外部感覚論」の意義は、『管見』で論証したように、（人間の）五感が触覚を根幹とする生命感覚としての外部感覚であるとするとともに、事物についての idea 構成ではなく、事物（外的存在）についての conception 形成が人間の事物認識の基本である次第を明らかにした点にあるといえるであろう。スミスの自然主義は、アリストテレスの宇宙論や自然観を踏み台にしていたとしても、アリストテレスそのものではなく、18世紀中葉の触覚論研究の動向や、自らの生物学・自然誌研究に基づく独自のものであったと想定されるが、アリストテレス⇒バークリ⇒ヒューム⇒スミス間の微妙な差異にみられる基本スキームの転変のうちに、時代の動態がみられるということもできるであろう。

5）自然観と構成概念との相関関係

作用⇒目的の論理に象徴される自然の客観的合目的性を想定する『道徳感情論』の前提概念 pre-conception が、上述のような（biological な）自然観をベースにしていたことは、ほぼ確かであるといえるであろう。あえて揚言すれば、スミスの自然主義は、生物学的自然の極相均衡論的現実認識を根幹とするものであったのであるということもできるのではないであろうか。『国富論』の楽観主義とそれとは裏腹なペシミスティックな現実認識との矛盾的共存の謎を解く一つの鍵は、ここにあったのではないかと考えられる。スミスが弱肉強食の厳しい生物学的な生存闘争を通して貫徹する自然の客観的合目的性認識に基づく cosmic harmony（宇宙論的な調和）論を展開しながら、その反面の earthly disorder の不可避性を認めていたのも、そのためではないかと想

像される。スミスがその楽観主義の根拠とする自然の客観的合目的性論はエコロジカルな長期均衡論で、cosmic な harmony（宇宙論的な調和）が弱肉強食の earthly disorder を通して貫徹する次第を容認したものであったのであるが、こうした両極的構造以上に注目すべき事実としては、論理展開のケルンをなす概念と自然観が相関関係にある次第が認識される要がある。

17世紀の科学革命と、万物の創造主としての神の権力を絶対視し自然を神の作品と考えた改革神学の影響を受けた近代の経済学の唯名論的自然観は、イムラーの著作（[16]）などに代表されるように、自然を物質視し、物体はメカニカルな法則に従って動く（ものである）とするものであった。人間は自由な理性主体であり、感覚（五感）の中核は視覚にあるとした、視覚中心の観念論的世界像は、こうした機械論的自然観に照応するものであったのである。その次第は『管見』でバークリーヒュームに即して述べた通りであるが、すべての感覚が内部感覚化されると、introspection（内観）の半ば必然的帰結として human nature（人間本性、人間の自然）が心理学的に解釈されるようになるのも当然である。スミスの人間本性論を心理学に還元する解釈が生まれる一つの背景はそこにあるといえよう。

認識論自体も、こうした視覚中心論のいわば論理的帰結として、（人間本性の心理学化と照応する形で）必然的に観念論化されることになったのであった。自然が生命のない物体として、人間の一方的な認識の対象とされるとき、認識論も主体が perceive した対象の観念的な describe（叙述）論になるからである。こうした形の観念論的認識（論）が、事物の動態（運動の論理）それ自体の動態的認識論（動態論）ではありえず、観察者が（idea 化し、それを連合して）describe した事物の動態の（ある断面の）静態的認識論（静態論）になるのは当然であるといえよう。スミスの経済学（『国富論』）が生活者としての人間の自然の欲求・性向・願望に基づく人間の経済活動の動態（内発的運動法則）の分析・解明論（動態論）であるのに対し、ヒュームの経済理論が現実の動態のすぐれて経験的な分析であるにも拘わらず、（「……を与件として前提すれば」という）仮定法的な静態論に止まっている理由も

第4章　スミス経験論の自然主義的構造

そこにあるといえるであろう。静態論ではトレンドの内発的原因、その変化の理由は分からない。前後の諸事情を分析・解明していけば分かるとしても、原理的には「……を与件として前提すれば」という静態論であって、動態論ではない。瞬間写真を連続して並べれば、現実の動態がそれなりにより具体的・客観的に分かるであろうが、静態論か動態論かという原理の問題は別次元であることは明白である。

　こうした機械論的自然観に基づく概念構成論とは逆に、自然が生命体＝有機体であると解される場合、それぞれの生命体が自己の生存目的を追求する対他存在となるため、人間の感覚も、視覚中心の内部感覚ではなく、他の動物と同じ触覚を根幹とする外部感覚である次第が確認されることになる。人間が他者（外的存在）を視覚に基づく観念（idea）構成の対象（視覚像）としてではなく、自分と異なる独立主体として捉えられるようになるとき、カントが「世界市民的見地からみた一般史の理念」の第四命題で指摘しているように、他者との「対立」（敵対関係）を克服するための「非社交的社交性」が主題となる。触覚は、知的な観念形成につながる視覚とちがって、聴・嗅・味覚ともども、すぐれて生命感覚であり、欲求・性向・願望などを生み出す母体をなすので、人間本性（human nature）の自然の欲求・性向・願望に従う人間本性の運動の論理学につながる契機をはらんでいるのである。「外部感覚論」の触覚中心論は、『道徳感情論』の想像上の立場の交換に基づく論理の根幹をなしていただけでなく、『国富論』の論理展開のベースをなすものでもあったのである。

　（作用因としての人間の活動に媒介される）自然が、一方的な認識の対象ではなく、自らの論理に従って動く生命体であるとされる場合、他者が自分と全く別の独立の意識主体であると捉えられる場合と同様に、認識論も、perceive or conceive した外物についての一方的な観念（idea）構成ではなく、対象との接触に基づく対象についての conception（概念）形成（conceive）（論）が中心となることであろう[注9]。

　認識（論）はそうした形で対象との接触・交流を重ねることを通して、事

物そのものの真像に迫っていく実践的な事物認識論になるのである。認識対象も（スミスの用例に即していえば）自然の事物や生命体としての人間の自然の感情や欲求・性向・願望などに基づく商品の運動の論理の考察を主とするものとなる。対象叙述や心理学化ではなく、事物や感情・情念・欲求・願望などの産物の運動の論理学となる。その論理は、必然的に動態論になることであろう。『道徳感情論』と『国富論』の基本概念は、『哲学論文集』の四論文がそのベースをなしているとすれば、㋑自然＝生命（体）＝本能＝感情＝外物・他者 conceive ⇒対立⇒立場の交換による同感＝自己抑制道徳論で、理性・効用・良心道徳論ではなく、㋺欲求・性向・自己改善（bettering）・称賛願望に基づく human nature の活動の合目的性＝自然法則論証になるということができるのではないであろうか。スミスは、そうした形で展開される「全体的なもの」の経験論証を、中項論を媒介に論証したのであるということができるであろう。

　こうしたスミス理論の基本的な枠組みをごく大まかに概括すれば、次のようになるのではないであろうか。

　　㋑自然の operation ⇒㋺自然的自由の体系⇒㋩主体形成⇒㊁効用・慣行批判
　　『道徳感情論』　　第Ⅰ部　　　第Ⅰ,Ⅱ部　　第Ⅲ部　　　　第Ⅳ,Ⅴ部
　　『国富論』　　　　第Ⅰ編　　　第Ⅰ,Ⅱ編　　「法学講義」　　第Ⅲ,Ⅳ編

　55 文書では、㋑が㋺を導く次第が超越的に指摘されているだけであったが、『道徳感情論』は、シンパシー感情の法則性の分析・解明から始め、第 2 部で悔恨 remorse 論に代表される形で自然の感情⇒正義論（㋑が㋺を導く次第）を論証した上で、第 3 部で想像上の立場の交換に基づく同感原理に基づく自己抑制⇒公平な観察者論に基づく主体形成論（㋩）を展開し、第 4 部でそうした自然の論理の貫徹を妨げる utility 論㊁を批判しただけでなく、第 5 部で戦争の時代にはそれなりに自然に即した法としての性格をもっていた長子相続制を、平和の確立した産業の時代に墨守するのは自然法に反すると

いう、正義観念の situational propriety（状況的適宜性）論に基づく慣行批判論を展開していたのであった。こうした『道徳感情論』の論理展開のうちには、既にはっきり『国富論』の原像が示されているといえるであろうが、『法学講義』では situation の変化による自然法観の転換の原因が分業認識の進展に求められていることが、より大きく注目される[注10]。『国富論』については、改めて指摘するまでもないであろうが、自然的自由が主体形成につながる次第についてのスミスの見解は、『法学講義』で市場関係の形成・展開が封建的従属・依存関係を打破し、個人の自立⇒主体形成を促す次第を指摘していた点や、『国富論』におけるステュアート批判の一つの大きな論拠が主体形成を政府の政策が妨げる点にあった事実（[43] V章）などにはっきり示されているといえるであろう。

　これに対し、デイヴィッド・ヒュームは、スミスとは逆に、自然の operation、その原理としての作用⇒目的の論理の貫徹：自然の客観的合目的性：人間本性に内在する目的論（teleology immanent in human nature [2] 31f.）の妥当・貫徹が経験的には確証しえないことから、人間の理性の力で、utility を判断原理とすることによって、自然のままでは済まない（目に見える）現実の問題に対処しようとしたのであった。こうしたヒュームとスミスの論理（展開）、構成概念の差異の根本原因が両者の（認識論のちがいに照応する）自然観の異質性にあることは明らかであるといえるであろう。

6）自然主義の根幹性

　スミスも、実際には、旧著（[41]）で具体的に論証したように、『国富論』の出版前後から経済人の活動についての現実認識の進展につれて、自然（に任せている）だけでは済まない問題があることを意識するようになり、『国富論』3版で重商主義批判を強化しただけでなく、『道徳感情論』の6版では感情の自己規制の論理としての公平な観察者論を精密化する一方、立法者の助力の不可欠性を強調することになったのであった。『道徳感情論』の初

版（1759）と『法学講義』A-B（1762〜64）、『国富論』初版（1776）（の自然的自由の体系論を中核にした論理展開）と、『国富論』3 版（1784）と『道徳感情論』の 6 版（1790）との間にかなり大きな力点の変化がみられることは明白な事実である（[41] 下、Ⅱ―4、Ⅲ）。その間にスミスが、理性の力による現実の自然の生み出す問題を克服するための判断原理として utility 論に着目していたことも、多くの研究者の指摘する通りである。というより、スミスの自然主義が生物学的な原理に立脚するものである限り（とした場合）、長期的には自然的自由の原理が貫徹する（から、自然に任せる方がよい）としても、短期的には動物学的な生物学の原理に従うだけでは済まない問題が多々存在することは誰しも否定しえない事実である。スミスも、こうした生物学的な自然的自由のシステムだけでは済まない現実の earthly disharmony の問題に対処するため、utility 原理に基づいて、理性の力で対応した面がある。第 5 編で国家論を展開しているだけでなく、立法者の助力の必要を 76 年の初版からそれなりに認めていたことも明白な事実である。

　自然主義が、自然的自由のシステム論で万人の生存を保障することができるとしても、生物学をベースにする限り、自然のままでは済まぬ問題が存在することはいうまでもない。国家の力だけでなく、理性と utility 原理によって自然の限界をカバーする必要があるのは当然である。その必要性が現状認識の進展に伴って増大したため、スミスが『道徳感情論』6 版で大幅改訂をし、「賢明な立法者」論を導入したことは明らかである。しかし、そのことは、内外の一部の研究者がいうように、スミスが自然的自由の体系思想を破棄して理性主義や功利主義に転向したことを意味するものではない。理性や効用は、スミスの場合、個別の問題についての判断原理で、社会原理とされていたのではないのでないか。理性が社会原理になるとき、社会は委縮して活力を失い、効用が社会原理となるとき、個人の権利より全体の利益が優先されることになり、自然の原理が否定されることになるからである。スミスが『法学講義』で展開している「権威の原理と功利の原理」（[29] 318、401）は社会原理であるといえばいえるであろうが、スミスのいう権威の原理は自然の

第4章　スミス経験論の自然主義的構造

原理（歓喜への同感感情）に基づくものであり、功利の原理は共通利害への共感感情（効用判断）に基づく集団への帰属意識の表現で、de facto な社会形成原理であっても、自然の原理に取って代わるものではない。スミスが功利の原理を自然の原理と並ぶものと考えていたり、自然の原理に代わるものと考えていたことを意味するものでは全くない。逆に、功利主義(utilitarianism)が社会原理になると、人間個々人の活力・創造力の発揮よりも、社会全体としての効用（最大多数の最大幸福＝限界効用極大化）実現のために平等が優先されるようになる。そのため自由よりも平等が上位原理となるだけでなく、その実現のための計画化が、個々人の創造力や独自性を無視した個人の兵隊化、さらには国家依存症の普遍化につながることは現代の歴史の現実が示す通りである。

　スミスの自然主義は、こうした功利主義とはちがって、個々人の主体形成⇒創造力発揮⇒自己の目的追求⇒その意図しない帰結⇒万人の生存保障＝全体としての富裕の実現論(その経済学的論証論)の根本原理をなすものであったのである。スミスはこうした自然主義の原理を最後まで信じ、その経験論証とその実現を妨げる障害の排除を主題にし、全体の福祉の実現のために政府が全面介入することは個人の自立を妨げ、腐敗を招くと考えていたのであり、こうしたスミスの根本主題そのものを否定したらスミスを正当に評価したことにはならないであろう。『道徳感情論』の6版改訂の主題は、公平な観察者論の強化と立法者の助力論の導入による自然主義の（原理の）補完＝そのための理性と効用原理の活用であって、自然主義の放棄ではない。自然主義の破綻を意味するものではないのでないか。

　ヒュームは、スミスとちがって、作用⇒目的の自然法則の実在、その認識可能性を承認しえなかったため、理性と効用原理で、目に見える実在の自然の欠陥（限界）を是正しようとしたが、ベンサム（以降の功利主義者）のように、自然の原理＝自然法（自然の必然法則の妥当・貫徹）を否定して、utility 原理に基づく最大多数の最大幸福を社会原理としていたわけではない。その意味では、ヒュームとスミスとの距離は、実際には（『道徳感情論』の

6版ステージではとりわけ）ジェームズ・ステュアートとスミスとの場合ほど大きくないといえるであろう。18世紀思想は、ファーガスン―ヒューム―スミス―マルサスなどを含め、あくまで自然主義の枠内で自然の耕作・改良（cultivate、improve）による社会の文明化と理性と効用原理による自然の難点補完を主体にしていたのであり、自然主義・自然の必然法則の支配・貫徹を否定していたのではない次第に注意する要がある。

　ケインズの "The End of Laissez-Faire" 以降、経済学は『国富論』第5編の国家論の役割を強調するようになり、1、2編の経済理論の根底にある自然的自由の原理に対してネガティブになっている。19世紀後半以降、資本主義的生産力が飛躍的に増大し、慢性的な需給の不均衡（需要D＜S供給過剰）⇒その帰結としての恐慌⇒大量失業の現実の下では、スミス的自然的自由主義は破綻したといわれたのも当然であるともいえる。しかし自然のバランス回復力の喪失、不均衡の構造化は、供給過剰の恐慌によるバランス回復を認めず、過剰生産を（生産過剰といわずに）「過少消費」と呼んで、財政金融政策によって過剰生産を正当化してきたことの必然的帰結である。ケインズ主義を乱用し、劇薬を常用してきたためで、自然主義の失敗のためではない。財政・金融政策によるD=Sバランス回復政策は恒常化する宿命にあり、いずれ破綻することはスミスがいち早く指摘していたことであり、歴史の処々に現れた通りである。財政・金融政策による保護・助成で自立が妨げられると、小著（[45] 2話その他）で論及しているように、却って経済構造全体が奇型化し、悪循環が恒常化するのであるが、問題は経済という範疇の枠内のみに留まるものではない。

　現代世界の現実は、地球温暖化の恐るべき帰結などに象徴されるように、効用や便宜のために科学技術の力で自然が受け入れきれる限界を超えて自然を人工化していくと、人力では対応できない事態に直面することを示しているといえるであろう。それらの問題も自然主義の根幹性を示しているが、スミス研究としての枠を超えるので、18世紀思想にその原型がみられる自然の問題とどう向き合うかが現代世界の直面している最大問題の一つである事

第 4 章　スミス経験論の自然主義的構造

実を指摘して、本稿を結ぶことにしたい。

●注
1）ホッブズが名辞論の中で、「神、人間一般、霊などの普遍的存在とされるものが、実在する諸個人をまとめた抽象的な名称にすぎない」、「名辞のほかには普遍的なものは何もない」（［47］210-211）次第を明らかにしていたことは、その典型的な表現といえるであろう。
2）ロックも法の認識可能性に疑問を抱き、『人間知性論』で歴史的方法（historical plain method（［23］44）事象記述の平明な方法）に基づく idea 認識論を展開した点ではノミナリズムの系譜に属するが、他面、客観法の支配を前提した論理を展開していた点でノミナリストとはいいがたい。しかし、17-18 世紀思想の展開過程はかなり複雑なので、私自身の研究史に即して、ノミナリズムをめぐる思想の動態について大まかに付言することにしたい。

　『自然法論』から『人間知性論』に至るロックの思想展開過程の認識論的研究（［38］）から出発した私は、ロック研究を進めているうちに、ロックにおける歴史的な事象記述方法（historical plain method）のもつ革新的意義に気付き、それまで断絶的に捉えられていた 17 世紀思想（合理的自然法）と 18 世紀思想（経験科学）との連続性に注目するようになったのであった。研究主題が、ホッブズ―ロックの中間のプーフェンドルフや R. カンバーランドに広がる一方、ロック⇒スミスの媒介項として、フランシス・ハチスンに向かうようになったのも、そのためであった。

　そうした私の小さな歩みのはるか以前から教会は、日々増大する相続や商品取引関係の処理機関として法学部を設置することで事態に対処しようとしていたのであった。その基本資料がローマ法の伝統に立脚した大陸自然法学であったことは確かである。道徳は法への服従にあると考えていた 17 世紀後半から 18 世紀前半にかけての思想家たちが、相互仁愛（プーフェンドルフ、カンバーランド）や道徳感覚（シャフツベリー、ハチスン）ではなく、より主体的な共感・同感（ヒューム、スミス）を原理とする倫理と法の原理論を展開していたのもそのためであった。それを想像上の立場の交換に基づく倫理学として確立したのがスミスであったのである。

　しかし、スミスは『感情論』公刊後、その巻末で予告していた法学プロパーの理論の構築に取り掛かることなく、『感情論』の資料収集中から徐々に深ま

りつつあった経済（分業）認識の進展に伴い、ハチスン「自然法論」に象徴される大陸自然法学の規制的・抑制的性格に気付き、「自然法論」から契約に関する文章を抜き出し、公法論に続く行政（police）論の中で、市場に媒介される商品交換関係の自律性を論証し、その実現を妨げる重商主義や封建慣行を批判したのであった。『国富論』3-4編の効用・慣行批判につながるスミスの経済学批判体系は、この路線の深化・展開に他ならないと言えるであろう。

　しかし、「1766」の表記のある「Bノート」では、グロティウスとホッブズを新しい「法学」の先駆者として称賛し、私法と公法のオーダーをも逆転させ、「Aノート」の陰の主役であったプーフェンドルフやハチスンには黙殺的態度を示している。「Bノート」にプログラム的に展開されていたスミスの論理がスミス法学のモデルそのものであるかのごとく解釈される一つの背景はここにある。しかし、スミスの思想展開という視点から見る場合、この視角にはいささか問題がある。

　Bノートが1763-64講義そのものであるかどうかについては多少問題があるが、Bノートでは私法と公法の順序が逆転されている以上、なぜ逆転させたのかの理由・根拠が問題になる。それにはいろいろな要因が想定されるが、その一つの内在的理由としては、所有権がロックのような身体所有権＝労働⇒所有論ではなく、取得権 acquired or adventitious right（[29] 399、[39] 218-220）とされる場合、その排他的権利としての成立は、公権力の存在を前提せざるをえない次第が考えられる。スミスがBノートで法学プロパーの理論の構築を主題とした際、Aノートで前提していた所有権論を根幹とする自然法論の私法論から公法論へと順序を逆転させた一つの理由は、そこにあったといえるであろう。

　しかし、スミスがかりに最初から公法→私法の順で法の理論を構想していたとしたら、私法（所有権法）の原理として経済学を導くことはできたとしても、経済学を行政（批判）原理論として展開することはできなかったのでないか。スミスがAノートの行政（police）論で『国富論』第5編にみられるような抑制的な政治権力論を展開したのは、自然法学の私法⇒公法⇒政治権力論を前提していたためであったのではないかと考えられる。「自然法論」の所有権論から出発したため、契約の根幹（内実）をなす所有の交換の秩序の自律性についての認識が深まるにつれ、（それを制御する）行政の在り方を批判的にみる（ことができる）ようになったのでないか。スミスがかりにAノートでも公法⇒

第 4 章　スミス経験論の自然主義的構造

私法の順で所有権を公権力によって基礎付ける形で論理を展開していたら、所有の問題は所有権法の問題に帰着していたことであろう。

　スミスが「B ノート」で称揚したグロティウス─ホッブズらの新しい法学は、スミスの思想形成・展開にとっては特別の意味を持つものではなく、『国富論』の論理展開に直接かかわるものではなかったのである。スミスが、その次第を明確に自覚した上で、あえてグロティウスやホッブズに自らの意図する法学の先達を見た最大の理由は「天文学史」でスミスが解き明かした「ニュートン的方法」に従って展開された『道徳感情論』や、のちに出版された『国富論』と同様、「法学」もニュートン的方法によって展開さるべきであると考えたためであったのでないか。スミスが B ノートでプーフェンドルフやハチスンらに言及しなかった理由も、大陸自然法学の継承としてのプーフェンドルフやハチスンの方法がアリストテレス的で、ニュートン的方法ではなかったためでないかと推測される。

　スミスが B ノートで、こうした形で A ノートの法学を意識的に排除していた事実は、彼が『道徳感情論』⇒『法学講義』⇒『国富論』をすべて「天文学史」で展開した中項＝鎖＝原理⇒体系論で構築しようとしていたことを明確に示していると言えるであろう。しかしスミスは、『道徳感情論』初版の最終節で触れていた法学を執筆することなく過ごした最大の理由も、ニュートン的方法で展開するための単一原理を見出すことができなかったためであったのでないか。

　スミスの哲学 4 論文は、スミス理論のルーツ（出自）であっただけでなく、スミス体系のケルンをもなしていたのである。LJB（B ノート）は、図らずもその事実を証明するものであったと言えるであろう。しかし、そのことは「A ノート」がニュートン的（方法に立脚するもの）ではないから、無意味であったことを意味するものではない。スミスは LJA がニュートン的（方法に立脚するもの）ではなく、アリストテリアンであることから、これを解体してハチスンの『道徳哲学体系』の「自然法論」のなかから契約にからむ文章を抜き出して行政（Police）論に移し、そこで「法学」の原理としての経済の論理の自律性をニュートン的な原理に従って論証した上で、それに反する効用や慣行を批判したのである。（〔42〕1−2 編）。

　A ノートがプーフェンドルフ的な法学を前提にしながら、スミスの思想展開の本道たりえた理由（背景）もそこにあったと言えるであろう。こうした A ノー

85

トのもつ逆説的意義とは対照的に、スミスはBノート以降、折に触れニュートン的方法に従った「法学」の構築・展開を試みながらも、『スミス認識論管見』（[44] 158 注23）で触れたように、ニュートン的な単一原理に基づく法学の展開に困難を感じたため、死の直前まで「法学」の刊行を望みながら法学に関する全資料を焼却させたのである。

　いずれにしても、スミス理論の真実に迫るためには、ＡＢの一方に偏することなく、ＡＢ二つのラインの重層的解釈が不可欠な所以はここにある。ホッブズースミスを直結したり、プーフェンドルフーロックーハチスンースミスで割り切ったりしたら、ノミナリズム（唯名論）の伝統に即しながら、古典の教説を踏まえて、唯名論の限界を超える「全体的なもの」の原理的・体系的な概念認識を意図していたスミスの主題を見誤ることにならぬよう自戒している次第である。

3）中項論を媒介に経験的に論証された「概念」は、自然の必然法則の観念的表現であるので、それに反する制度や慣行の批判原理たりうるだけでなく、さまざまな矛盾・対立・障害を通して貫徹する自然の必然的な法則の表現であるので、個別の障害を超えて妥当・貫徹すると考えられたのでないか。スミスが『国富論』で自然的自由のシステムに反する制度や慣行を厳しく批判し、障害があっても貫徹するとした根拠や想源がここにあったことは明白であるといえるであろう。

4）カントが、人は人に対して狼であるというホッブズ的な対立（敵対関係）認識から「非社交的社交性」原理を導いていたことは「一般史の理念」の第四命題の示す通りであるが、この論理はカントの創見ではなく、ホッブズからスミスに至る近代的社会観のWesen（本質）をbegreifen（概念的に把握）したものに他ならない。ヒュームースミスのシンパシー論は、その完成態といえるであろう。ただし、ヒュームの共感論は、道徳感情の心理学であるのに対し、その対自化論としてのスミスの同感論は、道徳感情の倫理学である次第が注意される要がある。

5）スミスの文法論が、大島幸治（[37] ch.5,esp., 249－253）が論証したように、当時の一般的慣行であった主語論ではなく動詞論であったことも、上述のような論理と照応するといえよう。

6）以上の次第については、補遺（1）の『国富論』における労働価値論の根幹性をめぐる記述を参照されたい。

7) デザイン論を providentialism（摂理主義）と呼ばずに、teleological or providential naturalism と規定する表現には、摂理そのものが自然界の現実を踏まえた教義であり、宇宙観や生物学・生態論につながる契機をはらんでいるのではないかとの認識が大なり小なり含意されているといえるのでないか。
8) 古代・中世から近代初頭までの自然観は、目の前にある現実の自然そのものにみられる生物学的な現実を一つの想源にするものであったのでないか。
9) 『道徳感情論』では、"conceive" 用語（語彙）が多用されていることも、その一つの例証であるといえよう。
10) 以上の次第については、拙著『アダム・スミスの倫理学』、『経済学の生誕と『法学講義』』を参照されたい。

補遺 (1)
『国富論』における労働価値論の根幹性をめぐって

　『国富論』が労働価値論をベースにしていることは研究者の広く認めるところであるが、研究史の中ではさまざまな解釈がなされているので、『道徳感情論』では共感（sympathy 観念）が原理になっているように、『国富論』では価値観念がすべての経済的関係を結びつける中項をなし、それを原理として理論体系が形成されているという、本稿の見解を補強するため、価値観念を根幹とする労働価値論が『国富論』全編の論理の枠組みをなしている次第について、ごく大まかに触れておきたい。

　『国富論』は、周知のように序論の冒頭で、「すべての国民の年々の労働は、国民が年々消費するすべての生活必需品と便宜品を本源的に供給する元本である」（[27] Ⅰ.10、tr. Ⅰ.19）という言葉で労働の本源性を宣言した上で、分業による労働の生産力の改善論から本論に入っている。スミスは、第1編の冒頭の諸章で、生産力の改善を可能にする分業が人知の結果ではなく、交換性向による次第を明らかにするとともに、分業社会では不可欠な交換の媒体としての貨幣の起源と使用を考察する過程で交換のさいに自然に従う法則としての価値論に入り[注1]、交換のための財貨の価値が（支配）労働量によって決定される次第を明らかにしている。分業社会では、

　　「人が自分の労働で自給しうるのは［生活必需品や便宜品などの］ごく一部分にすぎない。それらのはるかに大きな部分は他人の労働に仰がねばならない。それで、人の貧富は、彼の支配しうる、あるいは、購買しうる労働の量によるにちがいない。それ故、財貨の価値は、それを所有し、それを自分で使用または消費するつもりがなく、それを他の財貨と交換しよ

うと思う人にとっては、購買または支配しうる労働の量に等しい。したがって、労働が、あらゆる財貨の交換価値の真の尺度である」（[27] Ⅰ, 47、tr. Ⅰ.63）

という第5章の冒頭文は、その次第を明確に示しているといえるであろう。

スミスは、こうした形で労働の本源性を指摘した上で、分業＝交換関係からなる経済関係を成立させる根本原理が価値（物）の交換で、「交換のさいにわれわれが自然に従う法則」（[27] 1, 60）である交換価値が、購買ないし支配できる労働量である次第を明らかにするとともに、貨幣ではなく「労働が価値の唯一の正確な尺度であるとともに唯一の普遍的尺度である」（[27] Ⅰ、54、tr. Ⅰ.73）次第を解き明かしたのであった。第5章はその根拠を詳説したものであったのである。

スミスの価値論が価値尺度論であるといわれる所以はここにあるが、第1編 第1-5章の論理の根幹は、① 労働が価値の本源的 Träger（担い手）であり、② 労働生産物の価値は、貨幣ではなく労働量であるという労働価値論の根本原理を明らかにした上で、③ 分業社会における労働生産物（commodities）の交換価値は（その商品と交換に）どれだけの労働量を支配しうるかにある次第を明らかにする点にあったといえるであろう。

その上で、スミスは、第6章で改めて資本の蓄積と土地の私有以前の未開社会では、「労働の全生産物は労働者に帰属する」とし、投下労働量がその財貨の購買・支配しうる労働量を定める唯一の事情をなす（[27] Ⅰ, 65、tr. Ⅰ.92）が、資本蓄積と土地私有以後の社会では投下労働が支配労働量を規定せず、付加価値分は賃金・利潤・地代に分割されるようになる次第を明らかにしている。

スミスは、投下労働価値論を放棄して、価格論に転向したのではないかという労働価値論の破綻説が展開される理由はここにある。交換の原理をなす価値が労働量である限り、未開社会では投下労働論が妥当するのに、資本の蓄積と土地の私有以降の社会では、支配労働量が交換価値の基準になるとい

補遺（1）『国富論』における労働価値論の根幹性をめぐって

うのは論理矛盾のようにみえるからである。しかし、第6章冒頭の投下労働論は、交換価値の原理論として展開されたことを意味するものではない。第6章の主題は、未開社会では労働投下者がそれの生み出す付加価値を支配しうるが、産業社会ではそうならず、投下労働がその成果を支配しない次第を商品の価格が賃金＋利潤＋地代からなる次第を具体的に解明することを通して、交換価値が支配労働量によって規定される事実を理論的に確証する点にあったのである。スミスは、（分業論から始まる第1－5章で前提していた）分業の進んだ産業社会では交換価値が労働力の支配量によって計られる・計る他ない事実を、商品の価格の構成要素の分析を通して理論的に論証することを第6章の主題にしていたのであり、投下労働論を交換価値の原理論としていたのではない。

　こうした第1－6章の構成は、投下労働論では交換価値の実態を説明できないから、投下論を放棄したのではなく、投下労働論は、未開社会では自分の労働の全産物を自分で消費しえても、分業社会では交換価値の内実は支配労働量によらざるをえない次第＝その必然性を論証するための導入部として展開されたものにすぎないことを示しているといえるであろう。もとより、価値が労働の産物である限り、投下された労働量が交換の根本原理をなすのは当然であるが、分業社会では支配労働論が交換価値の原理をなすのも、労働＝価値論の原理に基づくもので、労働価値論の破綻を意味するものではない。労働⇒価値＝（投下）労働量⇒交換価値＝支配労働量という形で、労働⇒価値＝労働量を根幹とする労働価値論の根本原理は、第1－6章全体を通して一貫しているのではないであろうか。

　第1編1－6章の基本主題が投下労働論ではなく支配労働論ということなら、労働価値論ではない（価格論でよいのでないか）というのも、スミスの労働価値論の主題を知らぬものといわざるをえない。スミスの労働価値論の根本精神は、自然も土地も価値を創造するが、人間の生活に不可欠な必需品と便益品を本源的に供給するのは労働なので、労働を"人—人"間における経済関係（価値物の交換関係）の原理とした点にある。スミスの偉大さは、

91

貨幣や商品ではなく、労働こそがすべての経済関係の根幹をなすものであり、人間の平等を前提する限り、「価値」物の交換の原理は（投下された）労働量で計られるのが当然であるとした点にあるのでないか。スミスが第6章の冒頭で投下労働論を展開した意義もそこにあるということができるであろう。しかし、土地が共有であった未開社会では、誰でもその恩恵にあずかれるので、投下された労働の産物は労働した人間の手に帰するのは当然であるが、分業はストックの先行蓄積を前提するので、ストックの蓄積に投下された労働が交換価値の構成分に入るだけでなく、土地も労働の前提なので、私有制の下では（投下された労働力の再生産費を超える）付加価値が賃金・利潤・地代として3階級に分配されるのは当然であるとスミスは考えたのでないか。スミスが分業・交換関係からなる商業社会における交換価値の原理を投下労働にではなく支配労働に求めた根拠（理由）はそこにあるが、そのことは労働価値論の破綻や放棄を意味するものではなく、労働⇒価値＝労働量という労働価値論の根本原理は一貫していることは既述のとおりである。

第7章では（こうした労働＝価値原理に基づく）賃金・利潤・地代からなる財貨の自然価格が、需要と供給の関係に基づく市場価格とちがって、独占や特権がない場合の賃金や利潤や地代の自然率に基づく次第が明らかにされている。その上で、第8章以下でどれだけの労働量（価値）を支配できるかという労働価値論の原理に従って賃金・利潤・地代論が展開され、そのcircumstances（環境）や社会状況の如何に基づく各論が投下労働量（労働力の再生産費）を超える付加価値の分配論として詳細に展開されていることは周知の通りである。その細目には立ち入らないが、第11章の地代論では、「穀物の等量はいかなる社会状況、いかなる進歩の状態にあっても、土地の原産物のどんなものの等量よりも労働の等量を代表し、等量に相当する」ので、「穀物は、……他のいかなる財貨ないし財貨のセットよりも正確な価値の尺度である」（[27] Ⅱ, 206, tr. Ⅰ.327, 竹内, 上253）という穀物＝価値尺度論が展開されていることだけは指摘しておかねばならない。

『国富論』第1編は、このように交換の原理をなす価値が（その創出原理

補遺（1）『国富論』における労働価値論の根幹性をめぐって

をなす）労働の産物であり、商品の交換価値が購買または支配できる労働量であるという、労働価値論の根本原理に基づいて、（それを原理として）商品の価格の構成要素を明らかにするとともに、（交換の対象である）価値＝労働量がいかに分配されるかという、経済学の主題に応答したものであったのでないか。

こうした第1編の論理構成が労働価値論を原理にしていることは上述の通りであるが、『国富論』が労働価値論を根幹にしている次第は、第2編のストック論の第3章の生産的労働論や第5章の資本投下の自然的順序論によりクリアに（はっきり）示されているといえるであろう。

スミスは、第2編のストック論の第1章で、分業をするためには、その前提条件としてストック（資財）の先行的蓄積が必要である次第を指摘した上で、第2章で蓄積されたストックを所有する資本の目的が労働の生産力の増大にある次第を明らかにしたのち、第3章で価値を生産（付加・増大）する労働としての生産的労働論に入り、価値を生産する労働だけが経済成長（拡大再生産）を可能にする生産的労働で、それ以外の労働はすべて（価値を生産しない）不生産的労働であるとしている。

スミスの生産的労働論は付加価値論であったのであるが、生産的労働論を中核にした第2編のストック論は、銀の量が増大しても銀の価値が下がるだけで、雇用される生産的労働の量は同じであるという第4章の利子付貸付資本の議論などにもみられるように、「価値を付加する労働の分量」……「一国全体の土地と労働の年々の生産物の価値」（[27] Ⅰ.339、tr.Ⅱ.124）を増やすか減らすかをベースにした議論の展開であり、その原理としての第1編の労働＝価値論は一貫して前提されているといえるであろう。

こうした視角をより端的に表現しているのが、第2編第5章の資本投下の自然的順序論である。一国の資本が不十分な場合には、農業に投下するのが最も生産的労働を増大させ、付加価値を増す結果になる。次いで、製造業が生産的労働量を増大し、生産物に価値を付け加える。それに対し、輸出業（商業）に投下される資本の効果は三者中最小であるとして、資本投下の順序が

生産的労働⇒価値量の増大視角から論じられている。その上で、こうした資本投下の自然的順序を逆転させて、土地の改良や耕作よりも、遠方の運送業の方を重視するヨーロッパ諸国の政策が生産的労働＝付加価値視点から批判されていることは周知の通りである。

　第3-4編では、重商主義や特権批判が、第2編第5章の末尾の文が示すように、重商主義や封建的特権がなぜ、どのように生産的労働＝付加価値増大を妨げることになるかとの視角から展開されていることは明らかである。こうした事実も『国富論』全巻が労働価値論を根本原理とする理論構成であり、それに基づく現状批判のすぐれて精密な case-circumstances 分析であることを示しているといえるであろう。

　スミスは、（第1編で展開された論理を根幹とする）労働価値論を一貫して前提していたから、第2編の資本蓄積⇒成長論＝資本主義経済原理論を展開することができたのであり、労働価値論を放棄して、価格論をそれ自体として展開していたら、資本蓄積⇒成長論や、それをベースとする第3-4編の現状批判（論）を少なくとも原理に基づく理論体系化論という形で展開することはできなかったのではないであろうか。

●注
1）スミスは、価値という言葉を効用（使用価値）と購買力（交換価値）の意に解しているが、価値が交換の原理になるのは、有用であるため手に入れたいと思うものを購買する（のに必要な労働力を支配する）力であるためであると考えれば、交換が価値の交換である次第が一体的に捉えられることになるのではないであろうか。

補遺（2）
二点の法学講義ノートの implication

アダム・スミス法学者論

　アダム・スミスは法学者であり、スミスの主題は法学にあったという"法学者スミス論"を戦後いち早くぶち上げたのは内田義彦である。私はさすがと敬服したが、一般にはあまり反響がなかったようである。高島善哉の倫理・法・経済の三部門論がまだ新鮮だった当時の研究水準では当然であったといえよう。しかし、マルクス⇒スミスではなく、17世紀のホッブズ⇒ロックからスミスに進み、『道徳感情論』初版の主題と構造（[41] 第1部）を研究主題にしていた私にとっては、『道徳感情論』は倫理と法の原理論であり、法学の方法叙説的性格をも合わせもつものとして捉えられていたのであったが、論評の対象とされず、黙殺されたのは残念であった。『道徳感情論』の初版を倫理学プロパーの書と解する研究者は、スミスが『道徳感情論』初版の最終節で巻を閉じるにあたって、あえてわざわざ「法と統治の一般原理」の探求を次の主題とすることを宣言し、倫理学から法学に移り、さらに経済学へと内発的に進んだのはなぜか、このことをどう解しているのであろうか。

近代思想の共通課題

　スミスの理論体系は法学を根幹とするものであったのであるが、スミスが法学者として法学を中心主題にしていた理由は、教会だけでは対処しえなくなった現実問題を処理するために設置された法学部の法学が国際商業法としてのローマ法の伝統に根ざした大陸自然法学で、法への服従が倫理であるとされていたためであったのではないかと考えられる。17世紀後半以降、18世紀中葉ごろまでの西欧思想の一つの共通課題が、法学の主体化・近代化に

あった所以はそこにある。市民革命によって土地が商品化されたとはいえ、なお封建的な制度や慣行が数多く残存し、法への服従の根拠も問われない時代に、法学の人格主体的基礎付けと商業社会の現実に適した近代的な法の理論の構築が最大の共通課題になったのは当然である。

法の主体化の歩み

　第一の主題である法の人間主体化が、トマス・ホッブズによる自然法観の逆転の主題であったことはいうまでもない。伝統思想のように、人民の権利は法によって与えられるものではなく、法は権利の体系に他ならないという、権利（jus）⇒法（lex）の自然法観が法の人間主体化（論）の号砲をなしたことは明らかである。しかし、ホッブズの哲学は、法を自然権の体系化しただけで、個々の人格主体の経験に基づくものではなかったのであった。

　カントからホッブズに転身し、自然権の体系としてのホッブズ像をすぐれて内在的に描き出した太田可夫が『イギリス社会哲学の成立』（弘文堂、1948）公刊後、ロックの『人間知性論』の認識論的研究をはじめたのは、そのためであった。太田は、『知性論』の「力」の観念の精密な分析を通して、ロックが人間には欲求を一時停止して欲望をコントロールするだけでなく、物体の観念（idea）を構成する「力」があり、「感覚」が主観的である反面、客観の表現でもある事実（［46］236）や、「経験」のうちに「客観への通路」（［46］232－3）を見ていた次第を明らかにすることを通して、イギリス哲学の経験的・主体的特質をクローズアップしていたのであった。ロックの力の観念のうちには、客観への通路としての経験（観察）の産物としての ideas の連合を通して、事物そのものについての観念を構成しようとする意図が含まれていると太田は考えていたのである。

　シャフツベリーハチスンの道徳感覚理論がロックの継承であることはいうまでもない。

　ヒュームはこうした道徳感覚の実在性を否定し、普遍認識を拒否して、個別の事象の経験認識に専念したが、（現実認識を否定したのではなく）ideas

の連合による共通項の拡大のうちに客観への通路をみていたのであった。ヒュームにおける懐疑主義と自然主義との関係が問われる一つの理由もそこにあるといえるであろう。

　スミスの wonder ⇒ imagination ⇒共通項論は、こうしたロック以後のイギリスの古典経験論の継承・展開であったのであり、客観への通路としての個別の経験に共通するものを媒介にした客観認識のための論理であったのである。スミスの中項論は、客観への通路としての個別の経験の輪をさらに拡げることによって、個別の経験を超える普遍の認識を可能にするための論理として構想されたものであったのである。

　イギリス経験論は、主観的な感覚経験をベースにしながらも、主体的な客観認識を意図していたのであり、スミスの認識論は、ヒュームの認識批判をクリアするための中項媒介による経験認識論であったのである。しかし、スミスも『哲学論文集』段階までは法の主体化は認識主体の形成論の枠を出るものではなく、社会関係原理として展開されたものではなかったのであった。

『道徳感情論』構想の契機

　その限界を突破して社会関係原理としての法の人間主体化の論理を本格的に展開したのが、スミスの『道徳感情論』であったのであるが、その根幹原理をなすシンパシー論もヒュームのシンパシー論に依拠したものであった。スミスは、ヒュームのシンパシー論に触発されて、諸現象を結合する原理の探求（「中項の系列」をたどること）を通して、シンパシー論が人間相互の社会関係を結びつける鎖をなす中項的役割を果たしていることに気付き、それを原理として人間相互の社会関係を感情論的に描き出し、それに触覚原理に基づく立場の交換論を付加することによって心理学を倫理学にまで深めたのである。そうした倫理の最小限が（強制的に守られるべき）法であると考えられていたのである。ケイムズが 41 年 Essays（[17]）で、必然法則が見えないことから、偶然・自由の余地があると考えた人間が（自由であることから逆に）社会関係原理としての法の支柱をなす moral sentiments を形成する

に至る論理を展開していたことも、スミスが『道徳感情論』を展開する一つの契機になったとみることもできるかも知れない。

言語論の限界

しかし、最近の欧米のスミス研究の主流的見解は、エディンバラ講義では修辞学と哲学史と法学しかなかったことから、レトリック論（実際には72－73年の講義ノート）に『道徳感情論』の思想形成の契機を求める傾向がみられる。言語論やレトリック論がコミュニケーションの手段である以上、レトリック論や言語論に社会形成の契機がみられるのは当然である。当時の言語起源論がルソーなどにみられるように、言語起源⇒社会形成論的性格をもっていたことも、言語論、レトリック論⇒『道徳感情論』の形成を当然視する思潮の一つの背景をなしているかとも思える。しかし、スミスが『道徳感情論』の3版に付加した言語起源論には、そうした形跡は全くない。スミスは、通念とは逆に、言語の形成、多音節化をそれ自体として考察した論考を「言語起源論」と命名することで、言語の形成⇒社会形成論ではなく、より以上に、倫理学ではありえないことを示そうとしたのであると想定することもできるのではないであろうか。かりに、レトリック論やコミュニケーション論から社会形成論⇒倫理学を導きうるとしても、それはあくまで視覚の論理でしかなく、触の論理⇒立場の交換を決定因とする『道徳感情論』の論理とは原理的に異なることは明白である。『道徳感情論』の原理は、『管見』で論及したように、レトリック論やコミュニケーション論の限界認識、バークリ、ヒューム的視覚の論理へのダウト⇒「外部感覚論」的人間認識にあったのでないか。

『法学講義』Aノート（LJA）

スミスは、『道徳感情論』の原稿完成後、初版の巻末で宣告していた法の理論の構築に進まず、法学講義のAノート（の執筆に至る過程）で、自らの師ハチスンなどにみられる既存の法学批判を行うことから本格的な法学研

究を始めたのであった。その理由は色々あるであろうが、一つの有力な理由として、『道徳感情論』初版の 4-5 部で既にはっきりと同感原理に基づく（交換的）正義の（自然）法の妥当・貫徹を妨げる効用・慣行批判がなされていたことが考えられるであろう。スミスが A ノートの私法論から公法論に至る過程で法の歴史的批判を行い、戦争の時代にはそれなりに自然法であった長子相続法も、平和の確立した商業の時代には自然に反する次第を明らかにする一方、（法文を事細かく規定する）決疑論的性格をもっていたハチスンの『道徳哲学体系』の「自然法論」の中からその中核をなす契約に関する文言を公法論に続く行政（Police）論に移し、契約の根拠をなす分業・交換関係の自律性（自然法則性）を論証することによって、効用原理や（封建）慣行が自然法則の妥当・貫徹を阻害する次第を指摘していたのもそのためであったのである。

　こうした A ノートのうちには、すでにはっきりと『国富論』体系の原型がみられるといえるであろう（[42]）。『法学講義』A ノートは、スミスにおける経済学の生誕の母体をなすものであったのである。『国富論』における学の成立までにはフィジオクラートとの交流や J・ステュアートの『経済学原理』との対決を契機とする supply-side 理論の展開（[43] Ch.5）や、労働価値論の成立など大きな相違点が存在することはいうまでもないが、A ノートが『道徳感情論』から『国富論』に至るスミスの思想形成の main street の中核をなしていることは明らかであるといえるであろう。

『法学講義』B ノート（LJB）

　しかし、スミスは大陸旅行を決意した時点で『道徳感情論』初版で予告した「法学」本来の主題についてプログラム的な形でも論及していた方が良いと考えたためか、1763-64 の講義ノートであったと想定されている B ノートで、A ノートとはいささか異なる形の講義を行っていたようである。A-B 二つのノートの主たる相違点としては、私法⇒公法のオーダーを逆転させて、公法⇒私法の順で「正義論」が展開されていることが注目される。その理由

としては、本書の第 4 章の[2)]で触れたような取得権の問題などの他、法学プロパーの論理としては（自然法論でない限り）、公法論から出発するのが当然ということが考えられるであろう。

　A ノートとのもう一つの相違点としては、公法論から始まる「正義論」の前に序論が付され、そこでグロティウスとホッブズが法の理論のモデルとされている点があげられる。グロティウスについては、『道徳感情論』で、決疑論的な面もあるが、海洋に関する国際法を原理に基づいて展開した最初の人であったと評価している。ホッブズも自然権を原理として国家論を体系化していたので当然である。しかし、プーフェンドルフについてはかなりネガティブな形でしか言及されておらず、ハチスンについては師であったため言及を避けている（ことは称賛の対象とされていない）ことが注目される。こうしたメンションの仕方はスミスが構想していた法学がどのようなものであったかを暗示するものといえよう。

　しかし、B ノートでは、私法⇒公法のオーダーを逆転させただけで、行政論は細部の点を除けば A ノートの Police 論を転用したものに他ならない。より以上に注意すべき事実は、公法⇒私法⇒行政論では、現行法（法学・経済学）批判原理としての Police 論は展開できない点である。かりにスミスが A ノート時点でも公法論から出発し、公法⇒私法⇒行政の順で法の一般理論を構想していたら、「所有権法」の原理をなす経済論をそれなりに展開しえたとしても、法学（さらには経済学）批判理論は構築しえなかったであろう（私法⇒公法⇒行政論だから、行政批判が可能になったのでないか）。B ラインで進めば、スミスは法学者にもなったであろうが、経済学者にはならなかったであろう。自然法論の論理に従って私法⇒公法の順で論じたうえで、その後に行政論を持ってきて、自然法論の中の契約論を行政論に移し、契約の原理をなす分業・交換の自然法則論証をしたから、公法⇒行政批判が可能になったのであり、B ノートの法学構想には A ノートのような『国富論』の形成（1760 年代以降のスミスの思想展開）につながるものは何もないのである。

補遺（2）　二点の法学講義ノートの implication

A ノート line への再後退の理由

　スミスが B ノート line（法の近代化）を指向しながら、A ノート line に後退したのは、そのためであったというより、フィジオクラートとの交流というたまたまの事情による面が大きかったことはいうまでもないが、法と統治の一般理論の構築よりも、Police 論の展開（A ライン）の方が『道徳感情論』初版と A ノートの本来の主題（交換的正義の法の確立⇒そのための経済世界の自然法則論証⇒その貫徹を妨げる効用・慣行批判）に近いので、法の理論の構築（B line）は一時棚上げして、A line を優先することにした面もあったといえるであろう。

法学断念の理由

　B ノートは、スミスの思想展開にとっては所詮徒花でしかなかったのである。しかし、スミスは法学の展開の構築を断念したわけではなく、その後も折りにふれ、法学に関する資料を集めていたといわれる。それは法の近代化、グロティウス―ホッブズを一つのモデルとする（原理に基づく）法の理論の構築を主題にしていた法学者スミスとしては至極当然のことであったといえるであろう。しかし、それならスミスはなぜ「法学」を刊行せず、法学関係の資料を全て焼却処分してしまったのか。

　スミスは、『道徳感情論』6 版に付加された Advertisement（広告・公告）の中で、多忙と高齢のため、初版で宣言した法と統治の理論の展開は部分的にしか果たせなかったが、「計画を全く放棄したのではなく、今なおできることをする義務感を持ち続けたいと念じている」（[26] 3 tr. 上 20）と述べているが、それなら書物化はできないとしても abstract くらいは作れたはずである。それすらしなかったのはなぜか、その理由を確証する術はないが、法的事象を単一の鎖で結びつけて統合する中項を発見することができなかったことが最大の原因であったのでないか。エクイティと一般法、同感原理が妥当する刑事と所有権の絶対性を優先する民事とを結びつける単一原理を発見できなかったため、「法学」の展開を意図しながら、放棄したのでないか。

ニュートン的方法の根幹性

　スミスは『道徳感情論』のシンパシー、『国富論』の労働価値論のような体系全体につながる結合原理を法学については見出しえなかったため17-18世紀の近代思想の一つの共通課題であった近代的な法の理論の構築の課題を断念したのである。それをニュートン的方法の挫折、スミスの敗北とみるかどうかは見解の分かれる点であろうが、スミスが倫理学や経済学については「天文学史」の認識論、それに立脚するニュートン的方法に基づいた理論を展開しながら、法学については、単一原理を発見できなかったため展開を断念したことは、その事実それ自体が「天文学史」のwonder⇒中項論、それをベースにするニュートン的方法がスミスの思想体系全体の根幹をなしている次第を雄弁に物語っているといえるであろう。

　スミスの二つの法学講義ノートは、『道徳感情論』と『国富論』の認識・方法論が「天文学史」のwonder⇒imagination論をベースにしたもので、ニュートン的方法によって叙述されたものである次第を確証する一方、法学を展開することができなかった理由がどこにあったかを教えるimplicationをはらむものであったのである。そうした事実を踏まえて、『道徳感情論』と『国富論』をどう読み直すかは、スミス研究者に付託された今後の課題ということになるであろう。

主要引用文献

[1] Alvey, James E.：*A New Adam Smith Problem: The Teleological Basis of the Commercial Society,* Ph.D. dissertation, University of Toronto, 1996.
[2] ───：*Adam Smith: Optimist or Pessimist ?,* Ashgate, 2003.
[3] Aristoteles「分析論後書」（山本光雄訳）　アリストテレス全集1　岩波書店
[4] ───：*Peri Psyches*『心とは何か』（桑子敏雄訳）　講談社学術文庫
[5] ───：『形而上学』（出隆訳）岩波文庫
[6] ───：『ニコマコス倫理学』（朴一功訳）京都大学学術出版会
[7] ───：『政治学』（牛田徳子訳）京都大学学術出版会
[8] Berkeley, George：*An Essay towards a New Theory of Vision,* 1709, in the works of G. Berkeley, Bishop of Cloyne, ed., by A. A. Luce & T. E. Jessop. Vol. 1, London 1948, 下條信輔ほか訳『視覚新論』勁草書房、1990.
[9] Brown, K. L.：Dating Adam Smith's Essay "Of the External Senses", *Journal of the History of Ideas,* Vol. 53-2, 1992.
[10] Cumberland, Richard：*A Treatise of the Laws of Nature,* 1670, London 1727.
[11] Haakonssen, Knud：*Natural Law and Moral Philosophy,. From Grotius to the Scottish Enlightenment,* Cambridge, 1996.
[12] Hobbes, Thomas：*Leviathan,* 1651.『リヴァイサン』（水田洋訳）岩波文庫
[13] Hume, David：*A Treatise of Human Nature,* London 1739, by L. A.Selby-Bigge, Oxford 1967.『人性論』（大槻春彦訳）岩波文庫
[14] Hutcheson, Francis：*An essay on the nature and conduct of the passions and affections, With illustrations on the moral sense.* London 1728. By the author of the Inquiry into the Original of our Ideas of Beauty and Virtue.
[15] ───：*A System of Moral Philosophy,* London 1755.
[16] Immler, H：*Natur in der ökonomischen Theorie,* 1985,『経済学は自然をどうとらえてきたか』（栗山純訳）農文協
[17] Kames, Henry Home：*Essays on the Principles of Morality & Natural Religion,* Edinburgh 1751.
[18] Kant, Immanuel：*Kritik der reinen Vernunft,* 1784. Herausgegeben von Jens

Timmermann, Meiner Hamburg『純粋理性批判』(篠田英雄訳) 岩波文庫

[19] ――: *Kritik der praktischen Vernunft*, 1788.『実践理性批判』(波多野精一・宮本和吉・篠田英雄訳) 岩波文庫

[20] ――: *Kritik der Urteilskraft*, 1790. Herausgegeben von Vilhelm Weischedel, Suhrkamp, 1968.『判断力批判』(篠田英雄訳)

[21] ――: *Idee zu einer allgemeinen Geschichte in weltbürgerlicher Absicht*, 1784.『永久平和のために 他』(中山元訳) 光文社文庫

[22] Kleer, R. A.: *"The Author of Nature": Adam Smith and Teleology.* Toronto 1992.

[23] Locke, John: *An Essay concerning human understanding*, 1690, ed., by P. H. Nidditch ,Oxford 1975.『人間知性論』(大槻春彦訳) 岩波文庫

[24] Pufendorf, Sammuel: *De Jure Naturae et Gentium* 1670, introduced by Walter Simons, Oxford 1934

[25] Ross, I. S.: *The Life of Adam Smith,* Oxford 1995.『アダム・スミス伝』(篠原・只腰・松原訳) フェアラーク東京 2000.

[26] Smith, Adam: *The Theory of Moral Sentiments,* 1759, ed.,by D.D. Raphael & A. L. Macfie, Oxford 1976.『道徳感情論』(水田洋訳) 岩波文庫

[27] ――: *The Wealth of Nations,* 1776. ed. by R. H. Campbell & A.S. Skinner, Oxford 1976.『国富論』(水田洋監訳) 岩波文庫、(竹内謙二訳) 東京大学出版会

[28] ――: *Essays on Philosophical Subjects*, ed. , by W. P. D. Wightman, J. C. Bryce & I. S. Ross, Oxford 1980.『哲学論文集』(水田洋ほか訳) 名古屋大学出版会

[29] ――: *Lectures on Jurisprudence,* 1795, ed. ,by R. L. Meek, D. D. Raphael & P. G. Stein, Oxford 1978.『法学講義 1762－63』(A ノートの訳、水田洋・篠原・只腰・前田訳) 名古屋大学出版会 2012.『法学講義』(B ノートの訳、水田洋訳) 岩波文庫

[30] ――: *Lectures on Rhetoric and Belles Lettres,* ed. by J. C. Bryce, Oxford 1983.『修辞学・文学講義』(宇山直亮訳) 未来社 1972.(水田洋・松原慶子訳) 名古屋大学出版会　2004

[31] ――: *The Correspondence of Adam Smith,* ed. by E. C. Mossner & I. S. Ross, Oxford 1977

[32] Stewart, Dugald: Account of the Life and Writings of Adam Smith, L. L. D. appended in this Reference No.28.『アダム・スミスの生涯と著作』(福鎌忠恕訳) 御茶の水書房

［33］Veblen, T.：The Preconception of Economic Science, 1899, in his *The Place of Science in Modern Civilization*. New York 1961
［34］Viner, J.：*The Roll of Providence in the Social Order,* Princeton 1966
［35］Worster, D.：*Nature's Economy,* Cambridge 1977. 中山茂ほか訳『ネイチャーズ・エコノミー』リプロポート、1980
［36］内田弘『資本論』の自然哲学的基礎——ベルリン時代マルクスの「カント・アンチノミー問題」専修経済学論集111号、2012
［37］大島幸治『アダム・スミスの道徳哲学と言語論』御茶の水書房 2008.
［38］田中正司『ジョン・ロック研究』未来社 1968.
［39］──『アダム・スミスの自然法学』御茶の水書房 1988.
［40］──『アダム・スミスの自然神学』御茶の水書房 1993.
［41］──『アダム・スミスの倫理学』御茶の水書房 1997.
［42］──『経済学の生誕と法学講義』御茶の水書房 2003.
［43］──『アダム・スミスと現代』御茶の水書房 2000.
［44］──『アダム・スミスの認識論管見』社会評論社 2013.
［45］──『現代世界の危機とアダム・スミス』御茶の水書房 2009.
［46］──編、太田可夫著『ロック道徳哲学の形成——力について——』新評論 1985.
［47］水田洋「ノミナリスト　アダム・スミス」日本学士院紀要68－3. 2014

索 引(読解の参考になるページを中心に収録する)

あ
ideaの底にあるもの 5, 7, 57,
idea（連合）論 5, 36, 39, 49, 61, 62
アダム・スミスの認識論管見 4, 12, 58, 86
アリストテレス 6, 15-21, 24, 35, 45, 47, 57, 73, 74
アルヴィー 69

い
イギリス経験論 7, 13, 62, 96, 97
イムラー 76

う
ウェーバー 59
内田弘 52
内田義彦 95

え
Aノート 85, 98, 99, 101
エディンバラ講義 7, 52, 98
演繹（法） 16, 37

お
オイケン 48
大島幸治 86
大田可夫 96

か
懐疑主義 39, 40
悔恨論 54, 69
概念実在論 65, 67
外部感覚論 61, 68, 69, 75, 77
価値論 71, 89
カテゴリー論 40-41, 62

感覚論 16, 74, 96
感性的表象 40, 41
管見 12, 47, 63, 73, 75, 98
カント 6, 10, 12, 18, 40-52, 57-61, 69
観念連合論 24, 44, 49
観点 41
カンバーランド 83

き
帰納法 16, 17, 35, 37, 38
共感論 53f.
　　　ヒュームの 52, 55
　　　スミスの 53
欺瞞的自由論 51, 72
行政論 100

く
鎖 23, 26, 47, 54, 58
クリーア 72
グロティウス 85, 100, 101
桑子敏雄 29

け
形而上学的前提概念 4, 5, 10
ケイムズ 51, 54, 72, 97
ケインズ（主義） 3, 5, 69, 82
経験一元論 4, 5, 35, 40, 41, 47, 64
原因解明論 28-30

こ
構想力 44, 47
国富論 33, 56, 63, 65-71, 75, 78, 80, 89-94
心について 15, 29, 33, 35, 44, 74

107

55年文書　51, 67, 68
古代物理学史　9, 11, 72
古代論理学・形而上学史　9, 11
古典経験論　61

さ

作用因　51, 53
作用⇒目的論　54, 68, 70, 72, 79

し

視覚新論　73
視覚論　4, 58, 76, 77, 98
自然一元論的自然主義　68, 71-73
自然（誌）研究　73
自然主義　68, 80-82
　　ヒュームの　40
　　スミスの　40, 73, 75, 80, 81
自然的自由の体系　56, 69
自然の経済論　72, 73
自然の結合原理　10, 11, 24, 25
自然のシステム　4, 11, 66
自然の目的　63, 68, 70
自然法論　83-85, 99
自然法則論　51-56, 81, 82
実践理性批判　50
実践論　58
市民社会史論　5
主意主義　63
修辞学・文学講義　32
主観的認識源泉　42, 44
主語論　18, 55, 70
主体形成論　79, 81
シャフツベリー　52, 83, 96
自由論　49

述語⇒主語論　53, 71
述語の系列　19, 25, 57
述語分析　16, 53
情念論　55
種の保存　13, 72
純粋理性批判　48, 49, 50, 59, 61
触覚論　58, 73, 74, 77
心的表象　23, 36, 44
シンパシー（論）　4, 53, 69, 97
心理分析　56, 57

す

数学的方法　11, 35, 37
ステュアート、J.　72, 82, 99
スミスの主題　63

せ

正義論　54, 69, 100
生物学関心　73
生物学的自然認識　72
世界市民的見地からみた一般史の理念　51, 69, 77
先験的観念論　42
先験的自由　49
全体的なもの　10-13, 17-19, 24-25, 29-31, 34, 37, 47, 63, 65, 70, 86

そ

想像力　23, 45
ゾンバルト　50

た

大項　18, 19, 21, 57, 58
大陸自然法学　83, 95
高島善哉　95
立場の交換　55, 69

探求の主題　20, 37
ち
中間的諸事象　23 25, 26
中間媒体　15, 29, 74
中項の系列　19, 25, 46, 58, 60, 71
中項論　10, 15, 17-19, 38
　　　アリストテレスの　19, 21, 22, 24-26
　　　スミスの　22-25, 39, 64, 97
　　　天文学史の　10, 36
　　　ヒュームの　39
て
デカルト　23, 50
適宜性　54, 79
デザイン論　87
哲学論文集　4, 5, 9, 68, 71, 73
天文学史　9-11, 22, 25, 26, 59, 64, 85
──の方法　53
と
同感論　53, 101
動詞論　55
道徳感覚理論　52,
道徳感情論　51-57, 68-72, 75, 79-81, 97, 98, 101
道徳・自然宗教原理論　51, 68, 72
道徳哲学 3
ドバントン 73
な
内観　56, 76
に
ニュートン　21, 23, 32, 33
ニュートン的方法　32, 85, 102

人間知性論　62, 83
人間本性論　11, 34, 39, 64
認識主観　41, 45
認識批判　41, 59
の
ノミナリスト　63
ノミナリズム　63, 64, 86
は
バークリ　4, 56, 58, 76
ハスバッハ　48
ハチスン　52, 54, 83-86, 96, 99, 100
浜田義文　48
反感　54
判断力批判　10, 51
ひ
B ノート　84-86, 99
ビッフォン　73
ヒューム　4, 6, 9, 10, 13, 24, 34, 39, 40, 58, 60, 61, 63-65, 76, 79, 96
ふ
ファーガスン　5, 82
フィジオクラート　99, 101
プトレマイオス　31
普遍解体論　64
普遍＝個別内在論　15-17, 28, 34, 64, 71
普遍の原理　11, 31, 34, 63
プーフェンドルフ　83, 85-86, 100
プラトン　17, 65,
分析論後書　6, 12, 13, 16, 18, 20, 47
文法論　86

へ
ベイコン　35
ベンサム　81
ほ
法学講義　79, 80, 99
ホーコンセン　72
ホッブズ　63, 81, 85, 95, 96, 100, 101
星野彰男　60
ま
マルクス　95
マルサス　82
み
水田洋　105
む
無中項　18, 25, 71
も
目的論　10, 79
物自体　50
ゆ
唯名論　16, 17, 65
る
ルソー　98
り
リード　55
理念　42, 46, 59
リンネ　73
れ
レオミュール　73
レトリック論　52, 98
ろ
労働価値論　89-94
ロス　9

ロック　61, 83, 95, 96
論証　16, 20, 29, 37
論証科学　64
論証の方法　20, 21
A
Antinomie論　42, 49
C
chains　26, 59
concealed connections　24, 36
E
Einbildungskraft　45, 46
F
fancy　22, 23, 36
H
histories　3, 65
I
ill desert　54
imagination論　22, 24, 45
invisible chains　24, 36, 39
K
Kategorie　41
P
phantasia　36, 44, 74
T
teleology　69
U
utility論　80
vorstellen　40, 41, 49
W
wonder論　22, 23, 26, 27, 44
wonder ⇒ imagination ⇒ 中項論　26-28, 57

著者紹介

田中　正司（たなか　しょうじ）
　　1924年　東京に生まれる
　　1949年　東京商業科大学（現、一橋大学）卒業
　　現　在　横浜市立大学名誉教授、経済学博士
　　　　　　一橋大学・神奈川大学元教授
　　専　攻　社会思想史

主要著書
『ジョン・ロック研究』（未来社、1968年）
『市民社会理論の原型』（御茶の水書房、1979年）
『ジョン・ロック研究』（共編、御茶の水書房、1980年）
『現代の自由』（御茶の水書房、1983年）
『アダム・スミスの自然法学』（御茶の水書房、1988年）
『スコットランド啓蒙思想研究』（編著、北樹出版、1988年）
『アダム・スミスの自然神学』（御茶の水書房、1993年）
『市民社会理論と現代』（御茶の水書房、1994年）
『アダム・スミスの倫理学』（上・下）（御茶の水書房、1997年）
『アダム・スミスと現代』（御茶の水書房、2000年）
『経済学の生誕と『法学講義』』（御茶の水書房、2003年）
『現代世界の危機とアダム・スミス』（御茶の水書房、2009年）
『増補版 アダム・スミスと現代』（御茶の水書房、2009年）
『アダム・スミスの認識論管見』（社会評論社、2013年）

アダム・スミスの経験論
――イギリス経験論の実践的範例

発　　行――2016年6月1日　第1版第1刷発行
著　　者――田中正司
発行者――橋本盛作
発行所――株式会社御茶の水書房
　　　　　　〒113-0033　東京都文京区本郷 5-30-20
　　　　　　電話　03(5684)0751／振替　00180-4-14774
印刷・製本――東港出版印刷（株）
ISBN978-4-275-02045-1 C3012　Printed in Japan

田中正司著作案内

書名	仕様	価格
アダム・スミスの倫理学(上)——『道徳感情論』と『国富論』	A5判二四〇頁	価格二八〇〇円
アダム・スミスの倫理学(下)——『道徳感情論』と『国富論』	A5判三一〇頁	価格二七〇〇円
アダム・スミスの自然神学——啓蒙の社会科学の形成母体	A5判四二〇頁	価格二八〇〇円
アダム・スミスの自然法学——スコットランド啓蒙と経済学の生誕	A5判三九〇頁	価格四八〇〇円
経済学の生誕と『法学講義』——アダム・スミスの行政原理論研究 新増補	A5判二五〇頁	価格二八〇〇円
ジョン・ロック研究 新増補	A5判六四〇頁	価格四〇五〇円
市民社会理論の原型——ジョン・ロック論考	A5判四八〇頁	価格三四〇〇円
市民社会理論と現代——現代の思想課題と近代思想の再解読	A5判三三二頁	価格四二〇〇円
現代世界の危機とアダム・スミス	A5変二九二頁	価格三六〇〇円
アダム・スミスと現代 増補版	A5変三二〇頁	価格二八〇〇円
現代の自由——思想史的考察	四六判三三六頁	価格二四〇〇円

御茶の水書房
（価格は消費税抜き）